essentials

Essentials liefern aktuelles Wissen in konzentrierter Form. Die Essenz dessen, worauf es als „State-of-the-Art" in der gegenwärtigen Fachdiskussion oder in der Praxis ankommt. *Essentials* informieren schnell, unkompliziert und verständlich

- als Einführung in ein aktuelles Thema aus Ihrem Fachgebiet
- als Einstieg in ein für Sie noch unbekanntes Themenfeld
- als Einblick, um zum Thema mitreden zu können

Die Bücher in elektronischer und gedruckter Form bringen das Fachwissen von Springerautor*innen kompakt zur Darstellung. Sie sind besonders für die Nutzung als eBook auf Tablet-PCs, eBook-Readern und Smartphones geeignet. *Essentials* sind Wissensbausteine aus den Wirtschafts-, Sozial- und Geisteswissenschaften, aus Technik und Naturwissenschaften sowie aus Medizin, Psychologie und Gesundheitsberufen. Von renommierten Autor*innen aller Springer-Verlagsmarken.

Jan Simon Becker

Europäische Industrieunternehmen in Japan

Interkulturelle Aspekte für den Geschäftserfolg

Jan Simon Becker
Dautphetal, Deutschland

ISSN 2197-6708   ISSN 2197-6716 (electronic)
essentials
ISBN 978-3-658-49453-7   ISBN 978-3-658-49454-4 (eBook)
https://doi.org/10.1007/978-3-658-49454-4

Die Deutsche Nationalbibliothek verzeichnet diese Publikation in der Deutschen Nationalbibliografie; detaillierte bibliografische Daten sind im Internet über https://portal.dnb.de abrufbar.

Springer Gabler ist ein Imprint der eingetragenen Gesellschaft Springer Fachmedien Wiesbaden GmbH und ist ein Teil von Springer Nature.
Die Anschrift der Gesellschaft ist: Abraham-Lincoln-Str. 46, 65189 Wiesbaden, Germany

Wenn Sie dieses Produkt entsorgen, geben Sie das Papier bitte zum Recycling.

Was Sie in diesem *essential* finden können

- Eine systematische Analyse der Erfolgsfaktoren für europäische Unternehmen im japanischen B2B-Markt auf der Grundlage wissenschaftlicher Interviews
- Empirisch fundierte Theorien der interkulturellen Psychologie und des interkulturellen Managements, verbunden mit aktuellen Praxiserfahrungen
- Exklusive Einblicke in die Motive und Entscheidungsmuster von Führungskräften japanischer und europäischer Kulturkreise
- Bausteine für eine Strategie zum nachhaltigen Geschäftserfolg in Japan, die auf langfristigen Geschäftsbeziehungen und Vertrauen beruht

Vorwort

Dieses Buch wurde in einer Zeit großer geopolitischer Verwerfungen geschrieben. Nachdem die Folgen der Coronapandemie aufgezeigt hatten, wie fragil das Netz globaler Lieferketten ist und sich zur gleichen Zeit internationale Handelskonflikte weiter zuspitzten, stehen der internationale Handel und die Globalisierung zunehmend unter Druck. Die US-Regierung der zweiten Amtszeit von Donald Trump setzt nochmal mehr auf die Erhebung von Zöllen, sowohl gegenüber China als auch gegenüber dem Rest der Welt. Europa und andere betroffene Regionen und Länder erwägen wiederum Gegenzölle.

Chinas enormes Exportvolumen in die Welt nimmt unterdessen weiter zu. Die Produkte sind dabei häufig erstaunlich günstig, während sie in vielen Bereichen bereits ein hohes Qualitäts- und Technologielevel erreicht haben. Innerhalb Chinas wiederum fällt es ausländischen Anbietern angesichts des lokalen Wettbewerbs und möglicher Wettbewerbsverzerrungen immer schwerer, sich zu behaupten.

Das exportorientierte Wirtschaftsmodell von Teilen Europas ist auf enge Weise mit der Entwicklung des Welthandels verknüpft. Gerade deutsche Industrieunternehmen leiden unter der aktuellen Unsicherheit und den Veränderungen im internationalen Geschäft, wie sich beispielhaft an der Automobilindustrie beobachten lässt. Der Übergang zu einem stärker als bisher auf den Binnenmarkt ausgerichteten Wirtschaftsmodell wird allerdings Zeit benötigen und zunächst hohe Kosten verursachen.

In dieser Phase kann es sich für Unternehmen lohnen, nach alternativen Exportmärkten Ausschau zu halten, die ebenfalls großes Potenzial bieten, jedoch aus unterschiedlichen Gründen bislang nicht so viel Aufmerksamkeit erhalten haben wie zum Beispiel China. Japan erscheint dabei angesichts der schieren Marktgröße einerseits naheliegend, andererseits gilt der Markt vielen als schwierig und kompliziert. Die japanische Wirtschaft ist selbst sehr exportstark und wird im Inland größtenteils von einheimischen Unternehmen beherrscht. Für viele westliche Unternehmen scheint die als fremdartig wahrgenommene Kultur ein Hindernis darzustellen.

Um die kritischen Punkte, die für einen Erfolg oder Misserfolg in Japan entscheidend sind, systematisch zu untersuchen, konnte ich im Rahmen einer Abschlussarbeit wissenschaftliche Interviews mit Geschäftsführern japanischer Unternehmen, mit europäischen Managerinnen und Managern und mit Unternehmensberatern führen. Im vorliegenden Buch finden Sie die Ergebnisse dieser Arbeit und die praktischen Implikationen daraus.

Mein Ziel ist, dass dieses Buch Unternehmen motiviert, den japanischen Markt neu zu bewerten. Es soll dazu beitragen, dass Unternehmen ihre Chancen und Hindernisse realistischer einschätzen und geeignete Strategien für einen langfristigen Erfolg in Japan entwickeln. Gleichzeitig soll ein Bewusstsein dafür entstehen, dass Erfolg in Japan viel Geduld voraussetzt sowie die Bereitschaft, ausreichend Ressourcen für den Markt einzuplanen.

Mein besonderer Dank gilt meinem Arbeitgeber Rittal, der es für mich ermöglichte, berufsbegleitend zu studieren, sowie Professor Dr. Rüdiger Reinhardt von der Hochschule für Wirtschaft und Umwelt Nürtingen-Geislingen, der die Abschlussarbeit betreute. Schließlich möchte ich auch meiner Frau danken, die mich in meinem erneuten Studium immer unterstützte und mich auch zur Arbeit an diesem Buch motiviert hat.

Juli 2025   Jan Simon Becker

Inhaltsverzeichnis

Über den Autor

Jan Simon Becker hat Wirtschaftspsychologie und VWL studiert und ist seit vielen Jahren im Strategiebereich eines global agierenden Marktführers der Elektroindustrie tätig.

Einleitung: Warum Japan?

1

Laut dem Internationalen Währungsfonds (2025) liegt Japan auf Platz vier der größten Volkswirtschaften der Welt, hinter den USA, China und Deutschland. Mit fast 130 Mio. Einwohnern verfügt das Land nicht nur über eine große, sondern auch eine pro Kopf äußerst kaufkräftige Bevölkerung (Mayer, 2021, S. 2). Besonders hoch ist der Anteil des verarbeitenden Gewerbes am japanischen Bruttoinlandsprodukt: Mit 19 % weist Japan einen höheren Wert als viele andere Industrienationen und -regionen auf, darunter die Europäische Union (15 %), das Vereinigte Königreich (8 %) oder die USA (11 %), und liegt gleichauf mit Deutschland (19 %) (Weltbank, o. J.).

Das industrielle Potenzial Japans wird durch weitere branchenspezifische Kennzahlen unterstrichen. So steht Japan mit seinem Jahresumsatz im Maschinenbau nach Berechnungen des Verbands Deutscher Maschinen- und Anlagenbauer (2024) an vierter Stelle weltweit. Der deutsche Zentralverband der Elektrotechnischen Industrie (2024) beziffert den japanischen Elektromarkt auf 345 Mrd. €, womit Japan in dieser Branche sogar den dritten Platz weltweit einnimmt.

Eine gemeinsame Umfrage der Auslandshandelskammer Japan und der Unternehmensberatung KPMG unter 194 deutschen Unternehmen mit japanischer Tochtergesellschaft zeigt, dass die Unternehmen vor allem die wirtschaftliche Stabilität des Standorts schätzen (94 % der befragten Unternehmen), in Japan Gewinne erzielen (92 %) und ein hohes Umsatzpotenzial in Japan sehen (81 %) (Deutsche Industrie- und Handelskammer in Japan, 2024). Unter den befragten Unternehmen planen zudem 38 %, unter anderem wegen geopolitischer Unsicherheiten und zur Diversifikation, Produktionsstätten von China nach Japan zu verlagern, oder haben sich bei Neuinvestitionen für Japan als Standort entschieden. Insgesamt besticht Japan durch eine hohe Rechtssicherheit, eine

J. S. Becker, *Europäische Industrieunternehmen in Japan*, essentials, https://doi.org/10.1007/978-3-658-49454-4_1

hervorragende Infrastruktur und gilt als absoluter Hochtechnologiestandort, wie Robaschik (2024) in einem Artikel von German Trade & Invest feststellt.

Die japanische Gesellschaft ist noch stärker als Deutschland von einer demographischen Entwicklung betroffen, die zu einem Mangel an Personen im erwerbsfähigen Alter führt. Japan versucht, dem einerseits durch eine Öffnung für ausländische Fachkräfte beizukommen und andererseits verstärkt auf industrielle Automatisierung zu setzen (Süßel, 2023). Darin liegt eine große Chance für europäische Industrieunternehmen, die dem wachsenden Bedarf in Japan mit hocheffizienten Maschinen, hochautomatisierten Anlagen sowie modularen und standardisierten Komponenten begegnen können.

Trotz der genannten Argumente, die für Japan als Standort sprechen, ist das Ausmaß ausländischer Geschäftstätigkeiten vergleichsweise gering. Dies lässt sich zum Beispiel an den ausländischen Direktinvestitionen erkennen. Nach Zahlen von UNCTAD lag der kumulierte Bestand aller ausländischen Direktinvestitionen in Japan im Jahre 2023 bei lediglich 1984 US$ pro Einwohner (Konferenz der Vereinten Nationen für Handel & Entwicklung, 2024). In Südkorea lag dieser Wert dagegen bei 5491 US$ pro Einwohner, in Deutschland bei 13.345 US$ und in den USA sogar bei 37.316 US$. Trotz Bemühungen der japanischen Regierungen, mehr ausländische Direktinvestitionen anzulocken, bleiben die Zuflüsse auch weiterhin gering (Kiyota, 2020; Robaschik, 2024).

Der japanische Markt gilt für ausländische Unternehmen mitunter als „schwierig", wie Gudorf (2010, S. 1) in einem Artikel der Auslandshandelskammer Japan schreibt. Er hebt dabei hohe Qualitäts- und Serviceansprüche japanischer Kunden, Sprachbarrieren, kulturelle Eigenheiten des Landes, ein komplexes Netzwerk aus Distributoren und die ausgeprägte Marktdominanz nationaler Unternehmen hervor. Die japanische Außenhandelsorganisation JETRO befragt jährlich ausländische Unternehmen in Japan nach ihrer Geschäftstätigkeit. Auch dort werden sprachliche und kulturelle Aspekte als Schwierigkeiten genannt, insbesondere die Bereitschaft japanischer Unternehmen und der japanischen Gesellschaft, ausländische Anbieter zu akzeptieren. Am häufigsten werden allerdings Hindernisse bei der Rekrutierung von geeignetem Personal und bürokratische Hürden genannt (Japan External Trade Organization, 2025a, S. 20–22).

Blickt man tiefer auf das Thema Kultur, so fällt auf, dass Japan bei den sogenannten Kulturdimensionen nach Hofstede in mehrfacher Weise heraussticht. So erreicht Japan den weltweit höchsten Wert in der Dimension Langfrist-/ Kurzfristorientierung und jeweils einen der höchsten Werte weltweit bei Erfolgsmotivation und bei Unsicherheitsvermeidung (Hofstede Insights, 2023). Die theoretischen Hintergründe dieser Kulturdimensionen werden im Verlauf des Buchs näher beschrieben. Es reicht zunächst aus, festzustellen, dass Japan in mehreren Kulturdimensionen auffallende Werte aufweist und dass dies vermutlich in Zusammenhang mit den genannten kulturellen Hürden für ausländische Unternehmen steht.

Das Ziel dieses Buchs besteht darin, Erfolgsfaktoren für europäische Unternehmen in Japan zu beschreiben. Der Schwerpunkt liegt dabei auf interkulturellen Aspekten, wobei aber auch andere Faktoren berücksichtigt werden. Das Buch stützt sich auf eine qualitative Erhebung, die im Rahmen einer Abschlussarbeit des Autors durchgeführt wurde (Becker, 2024) und zitiert auch aus dieser Arbeit sowie aus Interviews, die Teil der qualitativen Erhebung waren. Englische Zitate werden dabei stets ins Deutsche übersetzt. Außerdem werden Beispiele für erfolgreiche und gescheiterte Geschäftsbeziehungen vorgestellt, um die beschriebenen Zusammenhänge zu veranschaulichen. Details sind dabei zum Schutz der Beteiligten anonymisiert und teilweise abgeändert, ohne die grundlegenden Erkenntnisse zu verfälschen. Interviews sind in der Regel zeitaufwendiger als Umfragen, müssen sich dafür aber meist mit einer geringeren Fallzahl begnügen. Im Vergleich zu Umfragen ermöglichen sie eine Dynamik zwischen der interviewten und der interviewenden Person, in der Nachfragen möglich sind. Dies schafft Raum für Details und zur Konkretisierung von Aussagen. Für das Thema interkultureller Hürden bot dies den Vorteil, dass Kultur kein diffuser Sammelbegriff bleibt, sondern durch konkrete Beispiele greifbar gemacht werden konnte. Das Forschungsdesign der Interviews ist im Infokasten zusammengefasst.

Forschungsdesign der Arbeit von Becker (2024)
Qualitative Erhebung

- Erhebungsinstrument: Leitfadeninterviews mit überwiegend offenen Fragen
- Sampling: Drei Personengruppen
  - Aktuelle oder ehemalige Führungspersonen japanischer Industrieunternehmen in Japan (4 Personen) (Branchen: u. a. Maschinenbau, Elektroindustrie)
  - Aktuelle oder ehemalige Vertreterinnen oder Vertreter europäischer Industrieunternehmen in Japan (4 Personen) (Branchen: u. a. Industriehandel, Elektroindustrie, Software)
  - Beratende Experten für den japanischen Markt aus Consulting-Unternehmen und Interessenverbänden (3 Personen)
- Dauer der Interviews: ca. 60 min

* Auswertungsmethode: Qualitative Inhaltsanalyse

Literatur

Becker, J. S. (2024). *Westeuropäische Industrieunternehmen in Japan im Spannungsfeld wirtschaftlicher Chancen und interkultureller Differenzen – Eine qualitative Analyse* [Masterthesis]. Hochschule für Wirtschaft und Umwelt Nürtingen-Geislingen.

Deutsche Industrie- und Handelskammer in Japan. (2024). *Geschäftsklimaumfrage: German Business in Japan 2024.* https://my.page2flip.de/8600042/23270727/23270728/#/1. Zugegriffen: 21. Juni 2025.

Gudorf, V. P. (2010). *Markteinstieg in Japan – 10 Schritte zum Erfolg.* Deutsche Industrie- und Handelskammer in Japan. https://www.ihk-muenchen.de/ihk/documents/Anh%C3%A4nge-International/Japan-Tipps-fuer-den-Markteinstieg.pdf. Zugegriffen: 21. Juni 2025.

Hofstede Insights. (2023, 16. Oktober). *Country comparison tool* [Datenbank]. https://www.hofstede-insights.com/country-comparison-tool. Zugegriffen: 21. Juni 2025.

Internationaler Währungsfonds. (2025, April). *World Economic Outlook (April 2025).* GDP, current prices [Datenbank]. https://www.imf.org/external/datamapper/NGDPD@WEO/OEMDC/ADVEC/WEOWORLD. Zugegriffen: 21. Juni 2025.

Japan External Trade Organization. (2025a). *2024 Survey on Business Operations of Foreign-affiliated Companies in Japan.* https://www.jetro.go.jp/ext_images/_News/releases/2025/a2074f44be097739/survey_en_v2.pdf. Zugegriffen: 20. Juli 2025.

Kiyota, K. (2020, 24. Dezember). Is Japan the least attractive country? *Research Institute of Economy, Trade and Industry.* https://www.rieti.go.jp/en/columns/s21_0008.html. Zugegriffen: 21. Juni 2025.

Konferenz der Vereinten Nationen für Handel und Entwicklung. (2024, November). *Foreign direct investment: Inward and outward flows and stock, annual* [Datenbank]. https://unctadstat.unctad.org/datacentre/dataviewer/US.FdiFlowsStock. Zugegriffen: 21. Juni 2025.

Mayer, R. (2021). *So gelingt der Markteintritt in Japan – ein Leitfaden* (Markteinstieg in Japan). Deutscher Mittelstands-Bund. https://www.mittelstandsbund.de/fileadmin/Artikel_Kacheln/pdf/20210809_DMB_Leitfaden_Japan.pdf. Zugegriffen: 21. Juni 2025.

Robaschik, F. (2024, 30. Juni). Japan glänzt mit Stabilität in unruhigen Zeiten. *German Trade & Invest.* https://www.gtai.de/de/trade/japan/wirtschaftsumfeld/wirtschaftsstandort-1783336. Zugegriffen: 21. Juni 2025.

Süßel, C. (2023, 25. Juli). Demografie ist Bewährungsprobe für die japanische Wirtschaft. *German Trade & Invest.* https://www.gtai.de/de/trade/japan/wirtschaftsumfeld/demografie-ist-bewaehrungsprobe-fuer-die-japanische-wirtschaft-955210. Zugegriffen: 21. Juni 2025.

Verband Deutscher Maschinen- und Anlagenbauer. (2024, April). *Maschinenbau in Zahl und Bild.* https://www.vdma.org/maschinenbau-zahl-bild. Zugegriffen: 21. Juni 2025.

Weltbank. (o. J.). *World Bank Open Data: Manufacturing, Value Added (% of GDP)* [Datenbank]. Abgerufen 20. August 2024, von https://data.worldbank.org/indicator/NV.IND.MANF.ZS. Zugegriffen: 21. Juni 2025.

Zentralverband der Elektrotechnischen Industrie. (2024, September). *Weltmarkt Elektro- und Digitalindustrie – Ausblick bis 2025*. https://www.zvei.org/fileadmin/user_upload/Presse_ und_Medien/Publikationen/2024/Oktober/ZVEI-Welt-Elektromarkt-Ausblick_2025/01- ZVEI-Weltmarkt_Elektro-_und_Digitalindustrie-Ausblick_bis_2025.pdf.   Zugegriffen: 21. Juni 2025.

Kulturdimensionen nach Hofstede 2

Dieses Buch stützt sich auf theoretische Vorarbeiten aus den Bereichen der interkulturellen Psychologie und des interkulturellen Managements. Die Definition von Kultur, an der sich das Buch orientiert, geht auf Rohner (1984, S. 119–120) zurück. Dieser spricht von Kultur als „erlernte Bedeutungen" (Original: „learned meanings"), die innerhalb einer Bevölkerung geteilt und von Generation zu Generation weitergegeben werden. Die „erlernten Bedeutungen" bestehen wiederum aus mehrheitlich geteilten Werten oder Überzeugungen (Rohner, 1984, S. 123). Trotz dieser Annahme grenzt sich Rohner von der Auffassung ab, dass Gesellschaften in sich vollkommen homogen wären. Individuelle Unterschiede, die sich insbesondere in der Persönlichkeit ausdrücken, werden nicht einfach von der Kultur überlagert (Rohner, 1984, S. 123–124). Kultur agiert außerdem nicht vollkommen unabhängig von anderen Umweltbedingungen und ist zudem einem stetigen Wandel ausgesetzt.

Eine hilfreiche Analogie ist die von Hofstede et al. (2010, S. 16) verwendete von Kultur als „software of the mind" (Deutsch: „Software des Geistes") oder „mentale Programmierung". Dies drückt sich insbesondere in erlernten Gedanken- und Gefühlsmustern aus und beeinflusst damit die Einstellungen und Emotionen von Personen innerhalb derselben Population. Hofstede (1984, S. 16) stellt das Verhältnis von Persönlichkeit und Kultur in Form einer Pyramide mit drei Ebenen dar (siehe Abb. 2.1).

Die untere Ebene der Pyramide ist die universelle Ebene, welche die von nahezu allen Menschen geteilten biologischen Grundfunktionen darstellt, zu denen Hofstede unter anderem basale emotionale Ausdrücke wie Lachen, Weinen oder aggressives Verhalten zählt. In der Mitte folgt die gemeinschaftliche Ebene, zu der Hofstede kulturelle Aspekte wie Sprache, Rituale oder Werte zählt. Diese

J. S. Becker, *Europäische Industrieunternehmen in Japan*, essentials, https://doi.org/10.1007/978-3-658-49454-4_2

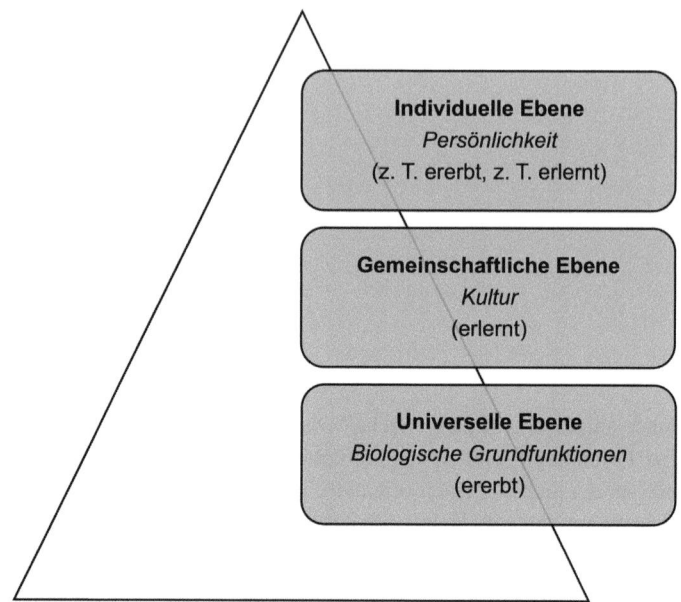

Abb. 2.1 Pyramide der mentalen Programmierung nach Hofstede (1984, S. 16) mit Ergänzungen von Müller und Gelbrich (2004, S. 108)

Ebene wird lediglich von Menschen desselben Kulturraums geteilt. Schließlich gibt es noch die individuelle Ebene an der Spitze der Pyramide, welche sich von Mensch zu Mensch unterscheidet und die Persönlichkeit ausmacht.

Hilfreich am Ansatz von Hofstede ist die schematische Trennung von Persönlichkeit und Kultur, zwischen denen es zwar Wechselwirkungen gibt, die sich aber nicht gegenseitig „überschreiben". Ebenso veranschaulicht das Modell durch die Pyramidenstruktur, dass kulturelle Prägung Menschen unbewusst beeinflusst, beziehungsweise diese selten bewusst reflektiert wird. In der Literatur wurden anhand kulturvergleichender Studien zahlreiche Ansätze vorgeschlagen, wie sich die kulturellen Prägungen unterschiedlicher Gesellschaften sinnvoll voneinander unterscheiden lassen. Das vermutlich einflussreichste Modell in diesem Kontext ist wiederum das der Kulturdimensionen nach Hofstede und soll im Folgenden vorgestellt und eingeordnet werden.

2.1 Einordnung

Hofstedes Modell der Kulturdimensionen basiert ursprünglich auf Umfragen innerhalb des Unternehmens IBM, die in den Jahren von 1968–1972 durchgeführt wurden. Seine Analyse umfasste dabei mehr als 100.000 Fragebögen zu arbeitsbezogenen Werten aus 40 verschiedenen Ländern (Hofstede, 1984, S. 11). Hofstede versuchte über eine sogenannte Faktoranalyse aus diesen Fragebögen grundlegende Variablen zu bestimmen, anhand derer sich die 40 Länder clustern lassen. Dabei konnte er vier Variablen identifizieren, welche wiederum auf vier Grundprobleme im Arbeitskontext zurückzuführen sind (Hofstede, 2011, S. 6–7):

- Das Maß der Abhängigkeit von Vorgesetzten,
- der Umgang mit Regeln und mit Risiken,
- das Verhältnis zwischen Individuum und Unternehmen,
- das Verhältnis von selbstbezogenen Werten und sozialen Werten.

Je nach kulturellem Hintergrund tendierten die Befragten dabei zu unterschiedlichen Antworten. Mit den oben genannten vier Grundproblemen wurden die Kulturdimensionen Machtdistanz, Unsicherheitsvermeidung, Individualismus/Kollektivismus und Erfolgsmotivation als Variablen bestimmt. In späteren Jahren kamen zwei weitere Kulturdimensionen hinzu. Zunächst war dies die Dimension Langfrist-/Kurzfristorientierung. Schließlich folgte in den 2000er Jahren mit Nachgiebigkeit/Beherrschung noch eine sechste Dimension. Verschiedene Studien konnten die Anwendbarkeit der Kulturdimensionen auch außerhalb des Arbeitskontextes bestätigen (Kirkman et al., 2006, S. 307–308).

Ein Risiko bei der Anwendung von Kulturdimensionen liegt darin, dass dies zu Stereotypisierung beitragen kann. Natürlich ist es so, dass die Einordnung von Gesellschaften innerhalb eines festgelegten Schemas Zusammenhänge vereinfacht, die in Wahrheit deutlich komplexer sind. Die Kulturdimensionen sind zudem auch nicht statisch, sondern können sich im Laufe der Zeit verändern. Dies wird in Japan am Beispiel der Dimension Individualismus/Kollektivismus deutlich. Dort hat sich die Gesellschaft immer mehr in Richtung Individualismus verschoben.

Besonders problematisch ist es, wenn aufgrund von Stereotypen auf das einzelne Individuum geschlossen wird. Davor warnen auch Hofstede et al. (2010, S. 40), die klarstellen, dass Kulturdimensionen gesellschaftliche Tendenzen widerspiegeln, aber keine Aussagen über Einzelpersonen treffen. Dazu muss man sich klarmachen, dass Kulturdimensionen auf den **Durchschnittswerten** der Gesamtbevölkerung verschiedener Länder beruhen. Ein Beispiel: *Länder* mit

einem höheren Pro-Kopf-Einkommen sind tendenziell individualistischer eingestellt als Länder mit niedrigerem Pro-Kopf-Einkommen (Hofstede et al., 2010,
S. 131–133). Ein möglicher Fehlschluss bestünde nun darin, vom Einkommen
einer *Einzelperson* auf deren persönliche Einstellungen zu Individualismus und
Kollektivismus zu schließen.

Ebenso wäre es ein Fehlschluss, anzunehmen, dass jeder Mensch in einem
wohlhabenden Land individualistisch eingestellt ist. Tatsächlich sind die Unterschiede zwischen *Individuen innerhalb eines Landes* in der Regel größer als die
Unterschiede zwischen den *Durchschnittswerten verschiedener Länder*. Die Nie-
derlande sind ein Beispiel für ein Land mit stark ausgeprägtem Individualismus.
Indonesien ist dagegen ein Land mit starkem Kollektivismus. Dennoch können
Niederländerinnen oder Niederländer am unteren Ende der Skala kollektivistischer eingestellt sein als Personen am oberen Ende der Skala aus Indonesien.
Dies wird anhand der Glockenkurven in Abb. 2.2 veranschaulicht. Kulturdimensionen sind daher immer als gesellschaftliche Tendenzen und Ausprägungen zu
verstehen, aber nicht als Aussage über Einzelpersonen.

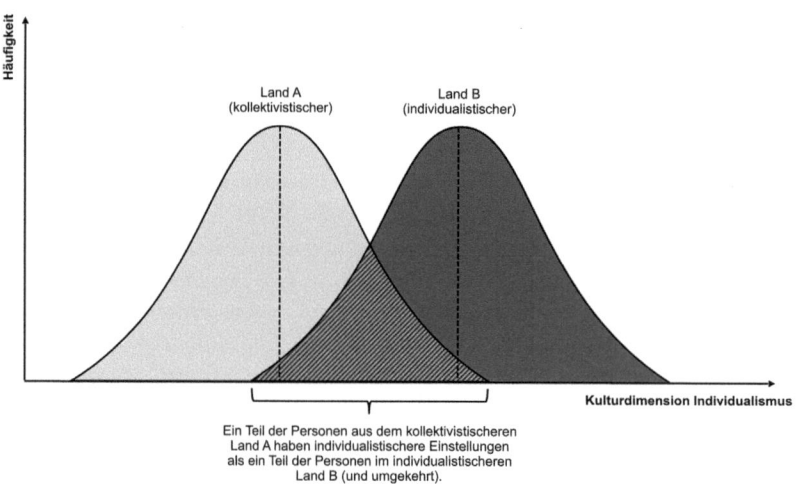

Abb. 2.2 Schematische Darstellung der Überschneidung zwischen zwei Ländern in der
Ausprägung von Kulturdimensionen

2.2 Sechs Kulturdimensionen im Überblick

Lassen Sie uns nun die sechs Kulturdimensionen nach Hofstede im Einzelnen betrachten und dabei schauen, welchen Wert Japan jeweils aufweist. Wir beginnen mit Unsicherheitsvermeidung, da diese für das Buch am wichtigsten ist. Bei Unsicherheitsvermeidung geht es um den Umgang mit Ambiguitäten und unerwarteten Situationen (Hofstede, 2011, S. 10). Eine zentrale Beschreibung dazu ist, dass von der Norm Abweichendes und Unbekanntes eine potenzielle Gefahr darstellt. Am unteren Ende der Skala von Unsicherheitsvermeidung steht dagegen eine neugierige Haltung, die bislang Unbekanntes als spannend und potenziell interessant bewertet. Unsicherheitsvermeidung sollte nach Hofstede et al. (2010, S. 197–198) allerdings nicht mit Risikovermeidung verwechselt werden, da Risiken immer mit einer Wahrscheinlichkeit verbunden sind. Vielmehr geht es um diffuse Unsicherheiten und Unwägbarkeiten, deren Eintrittswahrscheinlichkeit man gerade nicht kennt oder vorhersagen kann.

Gesellschaften mit höherer Unsicherheitsvermeidung tendieren nach Hofstede et al. (2010, S. 209) dazu, mehr formelle und informelle Verhaltensregeln aufzustellen. Ein strukturiertes Umfeld mit klaren Regeln erzeugt dabei ein Gefühl von Sicherheit, da sich die Ereignisse in einem solchen Umfeld besser vorhersagen lassen. Entsprechend sollen Länder mit ausgeprägter Unsicherheitsvermeidung tendenziell konservativer geprägt sein (Hofstede et al., 2010, S. 221). Japan hat mit einem Wert von 92 (auf einer Skala von 0 bis 100) einen der höchsten Werte weltweit, was manchmal auf die Häufigkeit unvorhersehbarer Naturkatastrophen in Japan zurückgeführt wird (Hofstede Insights, 2023).

Die Kulturdimension Individualismus/Kollektivismus drückt sich in der Bedeutung von Gruppenzugehörigkeit in einem Land aus. In individualistischen Gesellschaften zählt Gruppenzugehörigkeit weniger, während in kollektivistischen Gesellschaften Gruppenzugehörigkeit mehr zählt und daher mehr Wert auf Loyalität zur eigenen Gruppe gelegt wird. Es herrscht ein stärkeres Denken in „Wir"- statt „Ich"-Kategorien vor und Familien- und Beziehungsnetzwerke spielen eine größere Rolle (Hofstede, 2011, S. 11). Im Geschäftskontext kann dies entscheidend sein, wie Hofstede et al. (2010, S. 123) schreiben: „Der naive westliche Geschäftsmensch, der versucht, in einer kollektivistischen Kultur ein schnelles Geschäft zu erzwingen, begibt sich selbst in die Rolle des Außenseiters und wird negativ diskriminiert" (eigene Übersetzung). Die persönliche Beziehung und der Aufbau von Vertrauen gehen in kollektivistischen Kulturen immer der geschäftlichen Beziehung voraus.

Mit einem Wert von 62 ist Japan ein eher individualistisches Land, insbesondere im Vergleich zu China (Hofstede Insights, 2023). Dabei ist davon auszugehen, dass eine Entwicklung stattgefunden hat, da Japan in früheren Berichten noch näher am Kollektivismus verortet wurde. Heute existieren in Japan kollektivistische und individualistische Merkmale parallel, wie Ogihara (2017) feststellt: Einerseits nehmen zum Beispiel Scheidungsraten zu oder Kinder erhalten individuellere Namen als früher, andererseits wird beispielsweise dem Respekt vor den eigenen Eltern nach wie vor ein außergewöhnlich hoher Stellenwert zugeschrieben oder auch der Bedeutung der eigenen Peergroup.

Die Kulturdimension Machtdistanz beschreibt die Akzeptanz ungleich verteilter Machtverhältnisse in einem Land (Hofstede, 2011, S. 9). Interessanterweise scheinen die Einstellungen dabei die tatsächlichen Machtverhältnisse widerzuspiegeln; so tendieren Gesellschaften mit geringerer sozialer Ungleichheit dazu, auch ungleiche Machtverhältnisse am Arbeitsplatz kritischer zu bewerten (Hofstede et al., 2010, S. 75–79). Japan liegt, anders als die meisten ostasiatischen Länder, mit einem Wert von 54 im moderaten Bereich. Dies zeigt sich zum Beispiel daran, dass bei Entscheidungen in Unternehmen in der Regel viele Stakeholder in einem langwierigen Prozess abgeholt und befragt werden (Hofstede Insights, 2023) (japanische Konzepte des *nemawashi* und *ringi*).

Unter der Kulturdimension Erfolgsmotivation versteht Hofstede (2011, S. 12–13) die Tendenz, Erfolg in den Mittelpunkt zu stellen und Wettkampf zu fördern. In Gesellschaften mit hoher Erfolgsmotivation werden Emotionen tendenziell zurückgestellt. Vor allem von männlichen Personen wird eine Rolle der Erfolgsorientierung und Stärke erwartet. Aus diesem Grund wurde die Dimension früher auch Maskulinität/Feminität genannt (Hofstede Insights, 2024). Japan liegt mit einem Wert von 95 am oberen Ende der Skala, was die hohe Leistungsbereitschaft bis hin zu Perfektionismus in Japan erklären soll (zum Vergleich: Deutschland hat beispielsweise einen Wert von 66) (Hofstede Insights, 2023). Jedoch drückt sich die Wettkampforientierung in Japan vor allem im Wettkampf zwischen Gruppen aus und weniger im Wettkampf auf individueller Ebene.

Langfrist-/Kurzfristorientierung wurde zuerst im chinesischen Kulturraum identifiziert und dort eng mit dem Konfuzianismus verknüpft, weil zur Langfristorientierung gehörende Werte wie Ausdauer oder Sparsamkeit eine wichtige Rolle im Konfuzianismus spielen (Hofstede, 2011, S. 13). Hohe Werte bei Langfristorientierung ließen sich aber auch in anderen Regionen, zum Beispiel in einigen Ländern Ost- und Zentraleuropas feststellen (Hofstede, 2011, S. 15). Japan ist mit einem Wert von 100 laut Hofstede Insights (2023) das Land mit der weltweit höchsten Langfristorientierung. Dort findet man zur Langfristorientierung Japans folgende Aussage: „… Unternehmen sind nicht dazu da, jedes

Quartal Geld für die Shareholder zu erwirtschaften, sondern über viele Generationen hinweg ihren Stakeholdern und der Gesellschaft als Ganzes zu dienen..." (eigene Übersetzung).

Die letzte Dimension, Nachgiebigkeit/Beherrschung, ist nach Hofstede (2011, S. 15–16) zum Teil verwandt mit Langfrist-/Kurzfristorientierung und beschreibt, wie sehr Gesellschaften das menschliche Bedürfnis nach Spaß und Erholung akzeptieren oder dies versuchen durch soziale Normen einzuhegen. Japan liegt mit einem Wert von 42 näher an Beherrschung als an Nachgiebigkeit, was bedeutet, dass Freizeit ein gesellschaftlich geringerer Wert beigemessen wird (Hofstede Insights, 2023).

Wissenschaftliche Qualität der Kulturdimensionen von Hofstede
In der Folgezeit der ursprünglichen Forschung von Hofstede an den Datensätzen der IBM Umfrage gab es mehrere neue ländervergleichende Auswertungen in verschiedenen Kontexten (d. h. nicht nur im Arbeitskontext). Diese konnten die vier ursprünglichen oder mindestens drei der vier Dimensionen bestätigen (Hofstede et al., 2010, S. 34–36; Kirkman et al., 2006, S. 307–308). Die nach aktuellem Stand umfangreichste Metaanalyse zum Modell von Hofstede kommt von Taras et al. (2010). In dieser wurden insgesamt 598 empirische Studien ausgewertet, die zwischen 1980 und 2009 erschienen sind. Das Ziel bestand darin, die Effekte der Kulturdimensionen auf organisationsbezogene Variablen zu untersuchen, zum Beispiel auf die Arbeitszufriedenheit oder die berufliche Leistung. Dabei wollte man die Effektstärke der Kulturdimensionen mit der Effektstärke anderer einschlägigen Variablen vergleichen, die üblicherweise im Organisationskontext untersucht werden (beispielsweise die Big Five Persönlichkeitsfaktoren oder Intelligenz).

Die Autoren konnten eine insgesamt vergleichbare Effektstärke der Kulturdimensionen mit anderen Variablen feststellen (Taras et al., 2010, S. 415). Es fällt jedoch auf, dass die Kulturdimensionen besonders stark mit **Emotionen** und **Einstellungen** zusammenhängen und diese gut „vorhersagen" können; sogar besser als verschiedene demographische Variablen, Persönlichkeitsfaktoren oder Intelligenz. Dagegen lassen sich durch individuelle Persönlichkeitsmerkmale **Variablen des Verhaltens** und der **beruflichen Leistung** besser vorhersagen als mit den Kulturdimensionen.

Literatur

Hofstede, G. (1984). *Culture's consequences: International differences in work-related values (Abridged Edition)*. SAGE.

Hofstede, G. (2011). Dimensionalizing cultures: The hofstede model in context. *Online Readings in Psychology and Culture, 2*(1). https://doi.org/10.9707/2307-0919.1014.

Hofstede, G., Hofstede, G. J., & Minkov, M. (2010). *Cultures and organizations: Software of the mind, third edition*. McGraw-Hill Education.

Hofstede Insights. (2023, 16. Oktober). *Country comparison tool* [Datenbank]. https://www.hofstede-insights.com/country-comparison-tool. Zugegriffen: 21. Juni 2025.

Hofstede Insights. (2024, August). *Frequently asked questions*. https://www.hofstede-insights.com/frequently-asked-questions. Zugegriffen: 21. Juni 2025.

Kirkman, B. L., Lowe, K. B., & Gibson, C. B. (2006). A quarter century of Culture's Consequences: A review of empirical research incorporating Hofstede's cultural values framework. *Journal of International Business Studies, 37*(3), 285–320. https://doi.org/10.1057/palgrave.jibs.8400202.

Müller, S., & Gelbrich, K. (2004). *Interkulturelles Marketing*. Verlag Franz Vahlen. https://doi.org/10.15358/9783800644612.

Ogihara, Y. (2017). Temporal changes in individualism and their ramification in Japan: Rising individualism and conflicts with persisting collectivism. *Frontiers in Psychology, 8*. https://doi.org/10.3389/fpsyg.2017.00695.

Rohner, R. P. (1984). Toward a conception of culture for cross-cultural psychology. *Journal of Cross-Cultural Psychology, 15*(2), 111–138. https://doi.org/10.1177/0022002184015002002.

Taras, V., Kirkman, B. L., & Steel, P. (2010). Examining the impact of Culture's Consequences: A three-decade, multilevel, meta-analytic review of Hofstede's cultural value dimensions. *Journal of Applied Psychology, 95*(5), 888–888. https://doi.org/10.1037/a002093.

Das Dilemma der Unsicherheitsvermeidung

3

Im Zusammenhang mit der japanischen Geschäftskultur könnte man vieles über Besonderheiten in der Alltagskommunikation, über Verhandlungsführung und ganz allgemein über typische japanische Geschäftspraktiken schreiben. Zu diesen Themen gibt es jedoch bereits zahlreiche Ratgeber, die einen kompetenten Einblick liefern. Die Lektüre eines solchen Ratgebers und ein interkulturelles Training empfehlen sich vor geschäftlichen Aufenthalten in Japan ausdrücklich, können aber nicht durch das vorliegende Buch geleistet werden. Dieses Buch wird sich stattdessen vorwiegend mit dem Aspekt der Unsicherheitsvermeidung beschäftigen. Diese Kulturdimension ist in Japan sehr stark ausgeprägt und zog sich in den Interviews wie ein roter Faden durch den Verlauf von Geschäftsbeziehungen.

Wie wir gesehen haben, hat Japan einen Wert von 92 bei Unsicherheitsvermeidung, 95 bei Erfolgsmotivation und sogar 100 bei Langfristorientierung. Damit sticht Japan auf besondere Weise heraus. In einer kulturellen Clusterung der Industrieländer von Müller und Gelbrich (2004, S. 510–512) ließ sich Japan, durch seine hohen Werte bei Unsicherheitsvermeidung und Erfolgsmotivation, als einziges Land keinem Cluster zuordnen. Die Autoren schreiben dazu: „Diese Sonderstellung lässt sich nicht nur mit objektiven Widrigkeiten begründen (mehr als 3000 km Ausdehnung, schwierige Topografie) (…), sondern auch und gerade mit der Einzigartigkeit der japanischen Kultur" (Müller & Gelbrich, 2004, S. 511).

Tatsächlich gibt es den Ansatz, die Besonderheiten der japanischen Kultur auf Umweltfaktoren zurückzuführen, die das Land bis heute prägen. Die sogenannte ökokulturelle Theorie basiert auf der Annahme, dass die Unterschiede zwischen Kulturen mit dem jeweiligen Umweltkontext zu tun haben, insbesondere mit den ökologischen Bedingungen (z. B. Klima, Bevölkerungswachstum)

J. S. Becker, *Europäische Industrieunternehmen in Japan*, essentials, https://doi.org/10.1007/978-3-658-49454-4_3

und den sozialen Bedingungen (z. B. Bildungssystem, Religion) (Georgas et al., 2004, S. 75–80). So führt beispielsweise Synodinos (2001, S. 236–238) verschiedene Eigenheiten der japanischen Kultur auf die geographisch isolierte Lage als Inselnation und die extrem hohe Bevölkerungsdichte urbaner Regionen zurück. Bereits erwähnt wurde im letzten Kapitel auch die Erklärung der ausgeprägten Unsicherheitsvermeidung durch die Häufigkeit unvorhersehbarer Naturkatastrophen (Hofstede Insights, 2023). Auch Japans ausgeprägte Regelkultur lässt sich möglicherweise dadurch erklären, da gesellschaftliche Normen Vorhersagbarkeit erzeugen und eine koordinierte Reaktion in Krisensituationen ermöglichen (Gelfand, 2019, S. 60).

Als soziale Umweltbedingung wird unter anderem die sogenannte Edo-Zeit von 1602–1868 genannt, in die eine über 200 Jahre andauernde Abschottungsperiode Japans namens *sakoku* fällt. So vertritt zum Beispiel Itoh (1996) die streitbare These, dass diese Abschottungsperiode kulturelle Folgen bis in die heutige Geschäftswelt und insgesamt für die japanische Gesellschaft habe. Zur Unterstützung der These nennt Itoh (1996, S. 236) unter anderem die Bezeichnung nicht aus Japan stammender Menschen als *gaijin* (wörtlich „Außen-Mensch"), die zwar nicht per se abwertend gemeint sei, aber dennoch eine klare Gruppenzugehörigkeit signalisiere.[1] Tatsächlich ist der Ausländeranteil in Japan mit etwa 3 % bis heute sehr niedrig (Saito, 2024). Dies hängt wiederum mit einer jahrzehntelang restriktiven Einwanderungspolitik zusammen, die erst seit Ende der 1980er Jahre schrittweise gelockert wird. Auch Englischkenntnisse sind in Japan eher schwach ausgeprägt, wie sich zum Beispiel am EF English Proficiency Index zeigt, bei dem Japan auf Platz 92 von 116 Ländern weltweit liegt (Education First, 2024). Die Gründe für diese Entwicklungen sind allerdings komplex und lassen sich nicht auf eine einzige Ursache zurückführen.

3.1   Unsicherheit und Vertrauen in Japan

Um sich noch einmal zu verdeutlichen, was unter Unsicherheitsvermeidung verstanden wird, ist eine Gegenüberstellung der beiden extremen Ausprägungen sehr hoher und sehr niedriger Unsicherheitsvermeidung hilfreich. Hofstede (2011, S. 10) führt dazu verschiedene Beispiele aus, von denen einige im Folgenden dargestellt werden (jeweils in eigener Übersetzung):

---

[1] *Gaijin* wird heute zum Teil durch das höflichere *gaikokujin* ersetzt.

- „Die Unsicherheit des Lebens ist eine andauernde Bedrohung, die bekämpft werden muss" *vs.* „Die Unsicherheit des Lebens wird akzeptiert und man nimmt jeden Tag so, wie er kommt".
- „... Was anders ist, ist gefährlich" *vs.* „... Was anders ist, macht neugierig".
- „Emotionales Bedürfnis nach Regeln ..." *vs.* „Abneigung gegen Regeln ...".
- „Bedürfnis nach Klarheit ..." *vs.* „Entspanntheit auch bei Unklarheit ...".
- „Kein Jobwechsel, selbst bei Unzufriedenheit" *vs.* „Den Job zu wechseln, ist kein Problem".

In einem Land mit sehr homogener Bevölkerung und einer starken Marktdominanz einheimischer Unternehmen in den meisten Branchen, stellen ausländische Produkte und Unternehmen etwas tendenziell Fremdes dar. Der Umgang mit Menschen aus anderen Kulturkreisen ist eher ungewohnt und ausländischen Marken wird wenig vertraut. Anknüpfend an die oben beschriebenen Tendenzen in Ländern mit ausgeprägter Unsicherheitsvermeidung, lässt sich daraus folgende Hypothese formulieren: **Der Aufbau von Geschäftsbeziehungen zu ausländischen Anbietern wird von japanischen Unternehmen tendenziell als schwer kalkulierbares Risiko angesehen, es sei denn, es gelingt, ein ausreichendes Maß an Vertrauen herzustellen.**

Nach einer Definition von Mayer et al., (1995, S. 712) kann Vertrauen im Kontext von Unternehmen und Organisationen als Bereitschaft definiert werden, sich auf das Handeln eines anderen einzulassen, auch wenn dies ein Risiko darstellt und man darauf verzichtet, das Gegenüber zu kontrollieren. Dabei benennen die Autoren drei Faktoren, die die wahrgenommene Vertrauenswürdigkeit einer Partei beeinflussen: **Fähigkeiten, Wohlwollen** und **Integrität** (Mayer et al., 1995, S. 715). Auch Geschäftsbeziehungen lassen sich in diesem Sinne als Risiko verstehen, da man sich dabei auf die Fähigkeiten (z. B. Lieferfähigkeit, Qualität), das Wohlwollen (z. B. Support, Kulanz) und die Integrität (z. B. ethisches Verhalten, Ehrlichkeit) eines anderen Geschäftspartners einlassen muss.

Wie schon erwähnt, sollte Unsicherheitsvermeidung nach Hofstede et al., (2010, S. 197) nicht mit Risikovermeidung verwechselt werden, da Risiko mit einer *Wahrscheinlichkeit* verbunden ist. Vielmehr geht es darum, diffuse Unsicherheiten und Unwägbarkeiten zu vermeiden, deren Eintrittswahrscheinlichkeit man gerade nicht kennt und vorhersehen kann. Bezogen auf Geschäftsbeziehungen in Japan, besteht die Herausforderung für europäische Anbieter somit darin, den japanischen Kunden aus einem Zustand diffuser Unsicherheit in den Bereich kalkulierbarer Geschäftsrisiken zu bringen, bevor sich dieser auf eine Geschäftsbeziehung einlassen kann (siehe Abb. 3.1). Dies gelingt wiederum nur über den Aufbau von Vertrauen.

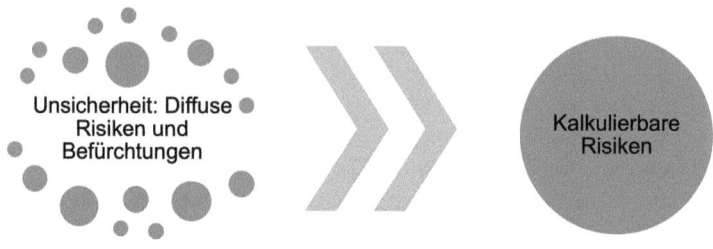

Kein Vertrauen ➜ keine   **Vertrauen ➜ Geschäft**
Geschäftsgrundlage   **wird machbar**

Abb. 3.1 Abbau von Unsicherheit durch Vertrauen

Weitere Literatur bestätigt, dass es für den Geschäftserfolg in Japan enorm wichtig ist, ein grundlegendes Vertrauen zum Kunden aufzubauen (Mayer, 2021, S. 4: „Vertrauen ist notwendig!"). Dieses entsteht in Japan jedoch nicht nur auf der Basis geschäftlicher Verhandlungen, sondern gerade auch im informellen, nicht rein geschäftlichen Kontakt (Winkels & Schlütermann-Sugiyama, 2000, S. 85–90). Japanische Geschäftsleute möchten laut Alston (1989, S. 27–28) keine Geschäfte mit Fremden, sondern mit Freunden eingehen. Dazu sei es notwendig, das Gegenüber zunächst persönlich kennenzulernen, Kontakte zu dessen Mitarbeitenden aufzubauen, um mit ihnen in einen intensiven fachlichen Austausch zu kommen, und schließlich auch die Möglichkeit informeller Treffen zu nutzen (z. B. gemeinsam Essen zu gehen). Eli (2004, S. 41) untersucht die Erfolgsgeschichten verschiedener deutscher Unternehmen in Japan und stellt dabei fest, dass es für den Vertrauensaufbau essenziell ist, den japanischen Kunden die Absicht zum **langfristigen Engagement** in Japan zu vermitteln. Ein weiterer Ansatz, um Vertrauen aufzubauen, kann nach Müller und Gelbrich (2004, S. 140) in der Nutzung von Marken- und anderen Qualitätssignalen bestehen.

In einer spannenden kulturvergleichenden Studie untersuchten Dyer und Chu (2000), was Vertrauensbeziehungen zwischen Zulieferern und Automobilherstellern fördert. Die betrachteten Länder waren die USA, Japan und Südkorea. Zunächst stellten die Autoren fest, dass die Geschäftsbeziehungen zwischen Zulieferern und Herstellern in Japan mit 41,4 Jahren im Durchschnitt am längsten von allen Ländern bestanden. Insgesamt fand auch mehr persönliche Kommunikation zwischen japanischen Zulieferern und Automobilherstellern statt. Die

Dauer der Geschäftsbeziehung war ausschließlich in Japan ein herausstechender Faktor dafür, wie groß das Vertrauen zwischen den Unternehmen war. Der stärkste Faktor für Vertrauen war allerdings die Unterstützung des Zulieferers durch den Automobilhersteller, beispielsweise bei der Implementierung von Qualitätsverbesserungen. Dies galt sowohl für Japan als auch für Südkorea. Insgesamt unterstreicht diese Studie also die besonders hohe Bedeutung von langfristigen Geschäftsbeziehungen und gegenseitiger Unterstützung zur Vertrauensbildung in Japan.

3.2 Beispiele aus Experten-Interviews

Unsicherheitsvermeidung führt offenbar dazu, dass der Wechsel zu einem ausländischen Anbieter für japanische Unternehmen einen Trade-off zwischen einer wahrgenommenen Ungewissheit über die Erfolgsaussichten und den potenziellen Vorteilen darstellt. Dies wurde von einem Berater in einem der Interviews wie folgt ausgedrückt: „Wenn etwas die letzten 30 oder 40 Jahre funktioniert hat, gibt es zunächst keinen Grund für ein japanisches Unternehmen, etwas zu ändern, es sei denn, durch eine Veränderung ergeben sich so signifikante Verbesserungen oder Vorteile, dass diese ein potenzielles Risiko rechtfertigen oder aufwiegen." Auch der junge Geschäftsführer eines japanischen Unternehmens bestätigte zumindest im Hinblick auf bestimmte Unternehmen: „Konservative japanische Unternehmen denken immer über das Risiko nach, das mit einem Wechsel eines Produkts, eines Zulieferers oder von etwas anderem verbunden ist." Und dies kann dazu führen, dass im Zweifel sogar das schwächere Produkt bevorzugt wird: „Wenn dann bei einem ausländischen Hersteller eine hohe Personalfluktuation herrscht, kauft man besser eine schlechtere oder langsamere Maschine, die aber dafür zuverlässig Tag und Nacht läuft", so der Manager eines europäischen Unternehmens.

Unsicherheitsvermeidung wurde in den Interviews manchmal auch indirekt durch geäußerte Sorgen zum Ausdruck gebracht. Ein Experte fasst dies mit „Was-wäre-wenn-Fragen" zusammen: „Für Japaner stellt sich die Frage: Gibt es die ausländische Firma in zehn Jahren noch, die mir das Ersatzteil beschaffen kann?" Laut einem japanischen Geschäftsführer werden japanische Unternehmen schnell nervös, wenn europäische Anbieter aufgrund von Urlaubszeiten erst verspätet auf Anfragen reagieren. Ein europäischer Manager sprach gar von „Albträumen", die in Japan entstehen können, wenn bei einem europäischen Anbieter plötzlich der zentrale Ansprechpartner wechselt. Die japanischen Unternehmen fragten sich dann: „Was ist, wenn ich die Maschine ein paar Jahre habe, und dann passiert mir das gleiche mit den Service-Technikern?"

Eine besonders eindrückliche Beschreibung der Befürchtungen japanischer Unternehmen gab es im Interview mit einem japanischen Geschäftsführer. Der japanische Unternehmer und ein anwesender japanischer Übersetzer äußerten im Interview verschiedene Bedenken, warum ausländische Unternehmen plötzlich wieder das Land verlassen könnten, darunter Erdbeben und Naturkatastrophen oder schlicht „alles Mögliche" (Englisch: „Anything"). Dies scheint mit einem Lebensgefühl der japanischen Gesellschaft zusammenzuhängen, das von einem der Berater folgendermaßen beschrieben wurde: „Ein großer Rückschlag war damals die Atomkatastrophe in Fukushima. Die Japaner haben gesehen, dass sehr viele ausländische Unternehmen plötzlich weg waren und dachten sich: ‚Ganz am Ende sind wir Japaner allein. Ganz zum Schluss hocken wir auf unserem Boot hier im Ozean und müssen uns auf uns selbst verlassen.'" Die Herausforderung für europäische Anbieter besteht darin, trotz dieser Erfahrungen und Befürchtungen das Vertrauen japanischer Kunden zu gewinnen.

Fallbeispiel aus den Interviews: Unsicherheitsvermeidung
Die Führungskraft eines europäischen Unternehmens in Japan berichtete von einem Bauprojekt in Japan, das von einem japanischen Generalunternehmen geleitet wurde. Als Lieferant wichtiger Teile für das Projekt kamen sowohl das Unternehmen der Führungskraft als auch ein japanischer Lieferant in Frage. Das Produkt des europäischen Anbieters war aufgrund eines anerkannten technologischen Vorteils sowohl technisch überlegen als auch günstiger als das des japanischen Anbieters. Überraschenderweise entschied sich das Generalunternehmen schließlich trotzdem für den japanischen Anbieter.

Was war passiert? Obwohl der europäische Anbieter zahlreiche Referenzen aufweisen konnte, wurde der Führungskraft später in einem informellen Gespräch mitgeteilt, dass das Risiko einfach zu groß gewesen sei. Bei dem Risiko ging es nicht um das Produkt selbst, dessen Technologie als gut erprobt galt. Vielmehr hatte man nicht das nötige Vertrauen in eine reibungslose Zusammenarbeit und in die langfristige Treue des europäischen Unternehmens zum japanischen Markt.

Literatur

Alston, J. P. (1989). Wa, Guanxi, and Inhwa: Managerial principles in Japan, China, and Korea. *Business Horizons, 32*(2), 26–31. https://doi.org/10.1016/S0007-6813(89)800 07-2.

Dyer, J. H., & Chu, W. (2000). The Determinants of Trust in Supplier-Automaker Relationships in the U.S., Japan and Korea. *Journal of International Business Studies, 31*(2), 259–285. https://doi.org/10.1057/palgrave.jibs.8490905.

Education First. (2024). *EF English Proficiency Index 2024: A ranking of 116 countries and regions by English skills.* https://www.ef.com/assetscdn/WIBIwq6RdJvcD9bc8RMd/cef com-epi-site/reports/2024/ef-epi-2024-english.pdf. Zugegriffen: 21. Juni 2025.

Eli, M. (2004). Geschäftserfolge in Japan. Gabler Verlag. https://doi.org/10.1007/978-3-322-84550-4.

Gelfand, M. (2019). *Rule makers, rule breakers: Tight and loose cultures and the secret signals that direct our lives.* Simon and Schuster.

Georgas, J., van de Vijver, F. J. R., & Berry, J. W. (2004). The ecocultural framework, eco-social indices, and psychological variables in cross-cultural research. *Journal of Cross-Cultural Psychology, 35*(1), 74–96. https://doi.org/10.1177/0022022103260459.

Hofstede, G. (2011). Dimensionalizing cultures: The hofstede model in context. *Online Readings in Psychology and Culture, 2*(1). https://doi.org/10.9707/2307-0919.1014.

Hofstede, G., Hofstede, G. J., & Minkov, M. (2010). *Cultures and organizations: Software of the mind, third edition.* McGraw-Hill Education.

Hofstede Insights. (2023, 16. Oktober). *Country comparison tool* [Datenbank]. https://www. hofstede-insights.com/country-comparison-tool. Zugegriffen: 21. Juni 2025.

Itoh, M. (1996). Japan's Abiding Sakoku Mentality. *Orbis, 40*(2), 235–245. https://doi.org/ 10.1016/S0030-4387(96)90062-9.

Mayer, R. (2021). *So gelingt der Markteintritt in Japan – ein Leitfaden* (Markteinstieg in Japan). Deutscher Mittelstands-Bund. https://www.mittelstandsbund.de/fileadmin/Art ikel_Kacheln/pdf/20210809_DMB_Leitfaden_Japan.pdf. Zugegriffen: 21. Juni 2025.

Mayer, R. C., Davis, J. H., & Schoorman, F. D. (1995). An integrative model of organizational trust. *The Academy of Management Review, 20*(3), 709. https://doi.org/10.2307/ 258792.

Müller, S., & Gelbrich, K. (2004). *Interkulturelles Marketing.* Verlag Franz Vahlen. https:// doi.org/10.15358/9783800644612.

Saito, J. (2024, 17. Dezember). Japan's immigration policy: de jure and de facto. *Japan Center for Economic Research.* https://www.jcer.or.jp/english/japans-immigration-policy-de-jure-and-de-facto. Zugegriffen: 21. Juni 2025.

Synodinos, N. E. (2001). Understanding Japanese consumers: Some important underlying factors. *Japanese Psychological Research, 43*(4), 235–248. https://doi.org/10.1111/1468-5884.00181.

Winkels, U., & Schlütermann-Sugiyama, Y. (2000). *Verhandeln mit Japanern.* Gabler Verlag. https://doi.org/10.1007/978-3-663-11734-6.

Vertrauen aufbauen, Unsicherheit abbauen

4

In den geführten Interviews kristallisierten sich drei Faktoren heraus, die wesentlich zum Vertrauensaufbau zwischen Unternehmen in Japan beitragen. Diese drei Faktoren nennen wir im Folgenden:

1. Hohe Kundenorientierung
2. Enge Zusammenarbeit
3. Langfristige Beziehungen

Wie wir sehen werden, können diese Faktor nur gewährleistet werden, wenn die entsprechenden Fähigkeiten, das Wohlwollen und die notwendige Integrität dafür gegeben sind (d. h. die von Mayer et al., 1995 genannten Faktoren der Vertrauenswürdigkeit). Die Faktoren aus den Interviews hängen somit eng mit den aus der Theorie abgeleiteten zusammen.

Bevor die Faktoren im Einzelnen ausgeführt werden, wollen wir eine Aussage aus dem Interview mit einem japanischen Geschäftsführer betrachten. Dieser nennt einen US-amerikanischen Hersteller elektronischer Komponenten, der für ihn als Musterbeispiel eines gut aufgestellten, ausländischen Anbieters gilt. Er sagte:

> Das Unternehmen hat **genug Leute, um den japanischen Markt zu bedienen:** Verkäufer, Menschen im Vertriebsinnendienst und Anwendungstechniker. Wenn wir eine Frage an die japanische Niederlassung stellen, wird sie von den richtigen Leuten beantwortet. **Die Bearbeitungs- und Lieferzeiten sind sehr kurz.** Wir bekommen von jeder Abteilung alle notwendigen Infos. **Wir erhalten rechtzeitig gute und zufriedenstellende Antworten.** Wir sind zufrieden, denn wir müssen wiederum

© Der/die Autor(en), exklusiv lizenziert an Springer Fachmedien Wiesbaden GmbH, ein Teil von Springer Nature 2025
J. S. Becker, *Europäische Industrieunternehmen in Japan*, essentials,
https://doi.org/10.1007/978-3-658-49454-4_4

unsere Kunden zufriedenstellen. Dieses Unternehmen entspricht also unseren Erwartungen.

Diese Aussage beinhaltet bereits viele Aspekte, die sich in den Interviews als zentrale Erfolgsfaktoren erwiesen haben. Im Folgenden soll nun im Detail dargestellt werden, was sich hinter diesen Faktoren verbirgt und welche Schlussfolgerungen sich daraus für die Praxis ergeben.

4.1   Hohe Kundenorientierung

Hohe Kundenorientierung und eine enge Zusammenarbeit lassen sich auch unter dem Begriff „hohes Commitment" zusammenfassen. Der Vertrauensaufbau durch das Signalisieren eines hohen Commitments erwies sich in den Interviews generell als sehr wichtig. Kunden und deren Wünsche genießen in Japan einen enorm hohen Stellenwert. Ein europäischer Manager nannte es die „Bereitschaft, dem Kunden alles zu jeder Tageszeit zu erläutern und die Wünsche des Kunden zu jeder Tageszeit auszufüllen". Dieses Kunden-Anbieter-Verhältnis, das auf die unbedingte Erfüllung der Kundenwünsche ausgerichtet ist, zieht sich durch die gesamte Lieferkette, wie ein japanischer Geschäftsführer ausführte: „Auf allen Ebenen der Lieferkette wird immer darüber nachgedacht, wie man auf die Anfragen der Kunden reagieren sollte. Selbst wenn es aus technischer Sicht nicht effizient sein mag, versuchen wir, die Kundenwünsche zu erfüllen, denn es geht uns um die langfristige Beziehung."

Hohe Kundenorientierung ließ sich in den Interviews in drei Unteraspekte aufteilen. Diese sind **Service, Lieferfähigkeit** und **Zuverlässigkeit** (siehe Abb. 4.1). Mangelnder Service und fehlende Lieferfähigkeit sind nach Aussage eines japanischen Managers ein Hauptgrund dafür, dass ausländische Anbieter in Japan scheitern. Hier haben ausländische Anbieter aufgrund fehlender Personalausstattung und Vernetzung oftmals einen unmittelbaren Nachteil gegenüber einheimischen Anbietern und müssen sich erst am Markt bewähren. Die Bedeutung einer hohen Kundenorientierung und den damit verbunden Teilaspekten kann daher kaum überbetont werden. Sie gehören zu den Hauptursachen für den Erfolg oder Misserfolg von ausländischen Unternehmen in Japan, wie alle drei interviewten Personengruppen bestätigten.

Ein europäischer Manager beschrieb die Wichtigkeit des **Service** in Japan mit folgenden Worten: „In der Regel ist es so: Im Entscheidungsbaum des Kunden wird die Servicefähigkeit der lokalen Gesellschaft stärker gewichtet, als es in

Abb. 4.1 Hohe Kundenorientierung und ihre Komponenten

Deutschland der Fall ist. Das heißt, die Serviceorganisationen werden miteinander verglichen. Das ist eine Hürde, die ein ausländischer Hersteller hier irgendwie überwinden muss." Europäische Anbieter müssen potenziellen Kunden in Japan geradezu beweisen, dass sie tatsächlich über die erwartete Servicefähigkeit verfügen, sei es durch entsprechendes Personal oder Vertragspartner, und dass sie die Mentalität des unbedingten Kundenfokus teilen. Ein japanischer Geschäftsführer erläuterte, dass man dies außerdem wiederholt unter Beweis stellen sollte: „Beim ersten Projekt zeigt man guten Support, aber der Kunde erwartet dies auch für das nächste und das übernächste Projekt. Der Lieferant muss zeigen, dass er in der Lage ist, langfristig Support zu leisten. Das ist ein sehr wichtiger Punkt."

Fallbeispiel aus den Interviews: Hohe Kundenorientierung (Beispiel 1)
Einer der interviewten Berater für den japanischen Markt bezeichnete die japanische Kundenorientierung als „Stand-by-you-Mentalität". Der Lieferant ist in Japan immer für seinen Kunden da und steht ihm in allen Fällen zur Seite. Herausforderungen stärken die gegenseitige Beziehung und man erlebt sich als eine Art Schicksalsgemeinschaft. Das heißt im Umkehrschluss auch, dass japanische Kunden gegenüber ihren Lieferanten sehr loyal sind.

Der Experte erinnerte sich an eine Situation nach einem Erdbeben, bei dem nicht nur die Autobahnen beschädigt, sondern auch viele Maschinen von Kunden zerstört wurden. In dieser Extremsituation entschieden sich japanische Lieferanten dazu, ihren Kunden im Umkreis von zehn bis fünfzehn Kilometern Wasser vorbeizubringen. Sie gingen so weit, dass sie das Wasser zu Fuß zu ihren Kunden brachten, da die Straßen für LKW unpassierbar waren. Dieses Beispiel zeigt das sehr hohe Engagement japanischer Anbieter, ihren Kunden auch in schwierigen Zeiten zur Seite zu stehen.

Der zweite Unteraspekt hoher Kundenorientierung ist die **Lieferfähigkeit.** Ähnlich wie beim Service haben japanische Unternehmen hier zunächst einen deutlichen Vorteil, da sie zumeist bereits über ein starkes Distributions- und Händlernetzwerk im Land verfügen. Dazu sagte eine Managerin: „Nach meiner Einschätzung stellt sich die Frage, warum man bei einer deutschen Firma kaufen sollte, die erst in drei Monaten die Produkte liefert, wenn ein lokaler Wettbewerber bereits morgen alles liefern kann." Die hohe Bedeutung stabiler Lieferketten in Japan erschließt sich aus der ausgeprägten Unsicherheitsvermeidung in der japanischen Kultur. So erläutert der Geschäftsführer der deutschen Auslandshandelskammer in Japan, Marcus Schürmann, im Gespräch mit dem EU-Japan Centre for Industrial Cooperation (2023), dass stabile Lieferketten ein sensibles Thema für die Inselnation Japan sind. Bei einer früheren Beschäftigung sei er beim Ausbruch des zweiten Golfkriegs damit konfrontiert gewesen, einem japanischen Kunden aus der Automobilzuliefererbranche zuzusichern, dass Ware aus Europa, die sich gerade auf dem Weg im Suezkanal befand, termingerecht in Japan ankommt. Die Bemühungen, eine termingerechte Lieferung zu gewährleisten und eventuell auf eine kurzfristige Lieferung per Luftfracht umzustellen, haben das Vertrauen des Kunden erheblich gestärkt. Grundsätzlich bietet es sich an, stark nachgefragte Artikel in Japan auf Lager vorzuhalten (entweder in einem eigenen Lager oder bei einem Händler) und gegebenenfalls Modifikationen auch vor Ort vornehmen zu können. Ist dies nicht möglich, ist bei der Lieferung nach Japan zu empfehlen, immer auf eine transparente Kommunikation und die Einhaltung vereinbarter Liefertermine zu achten.

Schließlich ist noch der Unteraspekt der **Zuverlässigkeit** zu nennen. Einer der interviewten Berater betonte beispielsweise, dass „eine gleichbleibende, verlässlichen Qualität" noch wichtiger als eine besonders hohe Produktqualität sei. Unvorhergesehenes sollte generell so gut es geht vermieden werden: „Wenn etwas passiert, was man nicht erwartet hat, dann ist das ganz schrecklich", sagte eine europäische Managerin. Durch Unzuverlässigkeit, zum Beispiel in der Einhaltung von Terminen, durch verspätete oder ausbleibende Reaktionen auf Kundenanfragen oder durch fehlerhafte Kommunikation können Projekte in Japan leicht scheitern und das Vertrauen dauerhaft verlorengehen. Auf Anfragen oder Rückfragen von Kunden sollte generell zügig eine Reaktion erfolgen. Ein erster Beweis für die Vertrauenswürdigkeit und Ernsthaftigkeit kann eine regelmäßige und, gerade zu Beginn, hohe Besuchsfrequenz beim Kunden sein. Dazu sagte ein europäischer Manager: „Das Commitment des Herstellers wird abgelesen an der Häufigkeit, mit der der Verkäufer beim Kunden erscheint. Das ist sozusagen der Test für den späteren Service." Dabei ist gleichzeitig jedoch eine enorme Geduld notwendig, denn Geschäfte in Japan entstehen normalerweise nicht kurzfristig. Dies wird im Abschnitt zu langfristigen Beziehungen noch näher ausgeführt.

Fallbeispiel aus den Interviews: Hohe Kundenorientierung (Beispiel 2)
Ein japanischer Geschäftsführer erzählte davon, dass sein Unternehmen technische Anlagen für einen Kunden fertigte. Das Unternehmen des japanischen Geschäftsführers bezog dabei wiederum wichtige Teile für die Anlagen von einem ausländischen Zulieferer. Als der Kunde nochmal eine konstruktive Änderung wünschte, bat er kurzfristig um eine Verschiebung und Anpassung der Anlagen. Der ausländische Teilezulieferer hätte für die Änderung ebenfalls eine Anpassung an seinen Produkten vornehmen müssen. Da jedoch bereits eine Bestellung getätigt und ein fixer Liefertermin vereinbart war, zeigte sich der Zulieferer unflexibel. Er bestand auf den vereinbarten Liefertermin und nahm keine Änderungen mehr am Produkt vor.

Die Reaktion desZulieferers führte dazu, dass der Kunde in Japan die Anlagen akzeptieren musste. Außerdem musste er zusätzliche Lagerflächen für deren Zwischenlagerung anmieten. Es entstanden somit zusätzliche Kosten für den Kunden und dieser nahm das Verhalten des ausländischen

Zulieferers als Vertrauensbruch wahr. Das Unternehmen des japanischen Geschäftsführers konnte von diesem Zeitpunkt an nicht mehr mit diesem Zulieferer zusammenarbeiten, wenn es um weitere Aufträge für den enttäuschten Kunden ging.

Ein ebenfalls mit hoher Kundenorientierung verbundener Aspekt ist der Umgang mit **Sonderanforderungen** und Sonderwünschen, welche in Japan unbedingt ernst genommen werden sollten. Adäquat umsetzen lassen sich solche Anforderungen nur durch eine enge Zusammenarbeit, also dem im nächsten Abschnitt beschriebenen Faktor zum Vertrauensaufbau. Sonderanforderungen können zum Beispiel in Form von Anpassungen am Produkt oder aufgrund japanspezifischer Normen auftreten. Diese Anpassungen und Sonderwünsche mögen aus europäischer Sicht nicht immer nachvollziehbar erscheinen. Sie sind offenbar jedoch Teil des Selbstverständnisses vieler japanischer Industrieunternehmen. So meinte ein japanischer Unternehmer: „Dies gehört zum Mindset japanischer Ingenieure. Sie tendieren einfach dazu, auch wenn es nicht unbedingt notwendig oder erforderlich ist." Europäische Anbieter können und sollten zwar versuchen, trotzdem ihre Standardprodukte anzubieten, doch sie werden in der Regel nicht komplett vermeiden können, gewisse Anpassungen vorzunehmen. Dass Extrawünsche mehr Geld kosten, ist den japanischen Kunden indes bewusst, wie einer der interviewten Berater sagt. Nach dessen Erfahrung dürfe sich dies auch in einem realistischen Rahmen im Preis niederschlagen.

4.2   Enge Zusammenarbeit

Der Aspekt enger Zusammenarbeit war der am häufigsten erwähnte in den Interviews und wurde von fast allen Gesprächspartnern genannt. Für eine enge Zusammenarbeit in Japan ist eine Form **physischer Präsenz** notwendig. Man muss als Unternehmen zeigen, dass man den japanischen Markt langfristig bedienen will. So erläuterte beispielsweise einer der interviewten Berater: „Also das ist einer der häufigsten Fehler, die ich sehe bei ausländischen Firmen: Sie kommen nach Japan und gehen davon aus, sie könnten in drei Monaten kommerzielle Geschäfte machen. Und dann ist ein halbes Jahr vorbei und sie haben noch nichts verkauft, also entscheiden sie sich, wieder zu gehen. Was passiert auf der Gegenseite? Die Japaner sagen sich: ‚Siehst du, das haben wir ja gleich gesagt, die sind nicht langfristig orientiert.'" Das Signalisieren eines langfristigen Engagements in

Japan ist wichtig, um mögliche Befürchtungen potenzieller Kunden zu entkräften. Dazu gehört maßgeblich die Befürchtung, dass ausländische Unternehmen das Land wieder verlassen könnten und daher die Kundenbetreuung langfristig nicht gewährleistet ist. Ein starkes Statement dafür, dass man dauerhaft in Japan tätig sein will, wäre die Eröffnung einer eigenen Produktion im Land. Da dies aber oftmals nicht vorgesehen ist, muss man die Absicht zum langfristigen Engagement auf andere Art und Weise signalisieren.

> **Fallbeispiel aus den Interviews: Enge Zusammenarbeit (Beispiel 1)**
> Ein europäischer Manager berichtete von einer Situation, in der er mit einem einheimischen Wettbewerber um ein wichtiges Projekt in Japan konkurrierte. Obwohl die eigene Software technisch sehr ausgereift war und man im Vorfeld mit allen Entscheidungsträgerinnen und -trägern sprach, konnte man das Projekt am Ende nicht gewinnen. Der japanische Wettbewerber erzählte dem potenziellen Kunden, dass das europäische Unternehmen des Managers nicht die erforderliche Betreuung liefern könne; spätestens in fünf Jahren würden sie außerdem wieder aus Japan verschwinden. Dieses Szenario schreckte den Kunden so sehr ab, dass man sich lieber für den einheimischen Wettbewerber entschied.
>
> Der Manager geht davon aus, dass das Ergebnis anders ausgefallen wäre, wenn sein Unternehmen zu diesem Zeitpunkt bereits eine eigene Niederlassung in Japan gehabt hätte. „Wenn Sie die notwendige Glaubwürdigkeit nicht haben, werden Sie nicht gekauft. Da können Sie das beste Produkt der Welt haben, das hat mit Technik nichts zu tun." Jahre später, so erzählt der Manager, habe sich der Kunde schließlich dazu entschieden, doch die Software seines Unternehmens zu wechseln. In diesem Zuge habe man sich sogar bei dem Manager dafür entschuldigt, dass man sich früher anders entschieden hatte.

Wie lässt sich die Absicht signalisieren, langfristig in Japan tätig zu sein? Tatsächlich ist die Gründung einer eigenen Niederlassung oder sogar Produktion vor Ort dafür sehr hilfreich, aber nicht zwingend erforderlich (Eli, 2004, S. 140–142). Es kann auch funktionieren, dass man über geeignete Handels-, Vertriebs- und/oder Servicepartner in Japan präsent ist. Alternativ kommt ein Joint-Venture mit einem japanischen Unternehmen infrage. Egal wofür man sich entscheidet, in jedem Fall ist eine reibungslose Kommunikation zwischen allen Parteien zu gewährleisten: den Kunden, dem Headquarter in Europa und dem eigenen Team in Japan, beziehungsweise dem eingesetzten Geschäftspartner (siehe Abb. 4.2).

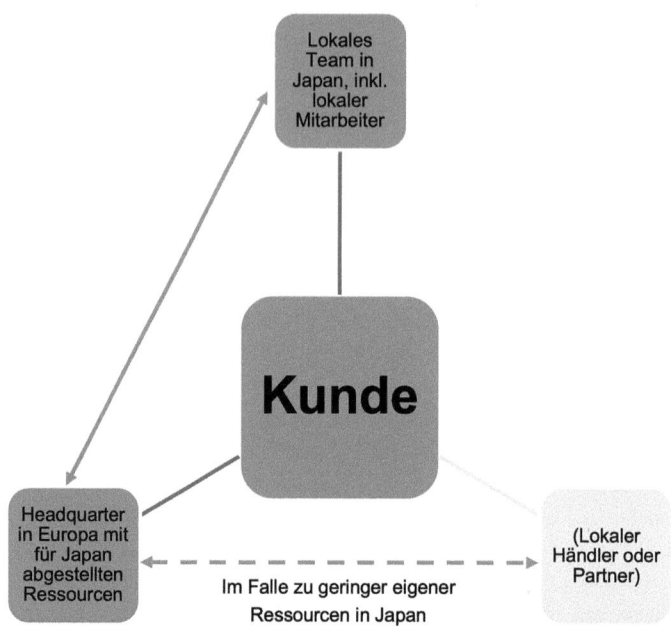

Abb. 4.2 Enge Zusammenarbeit zwischen den Kunden in Japan, dem Headquarter des Zulieferers in Europa und dessen lokalem Team in Japan oder einem lokalen Partner

Im besten Falle sollte das eigene Team in Japan mindestens zum Teil aus technisch ausgebildeten, **lokalen Angestellten** bestehen, die mit dem Markt vertraut sind. Dies ist sowohl aus sprachlichen als auch aus kulturellen Gründen zu empfehlen. Ein japanischer Unternehmer sprach in diesem Zusammenhang mehrfach von einer „smoothen" Kommunikation, die wichtig sei. Manche Sorgen oder Beweggründe des Kunden werden im Zweifelsfall sogar nur mit lokalen Kontaktpersonen geteilt und weniger mit Personen aus dem Ausland, wie ein europäischer Manager berichtete. Im europäischen Headquarter sollten wiederum ebenfalls dedizierte Ressourcen für Anfragen aus Japan bereitgestellt werden, um logistische oder technische Anfragen zu klären (zum Beispiel im Hinblick auf Lieferungen aus Europa, Sonderwünsche des Kunden, Qualitätsanforderungen oder lokale Normen).

Ein japanischer Unternehmer sagte: „Wenn ich höre, dass die Ingenieure des europäischen Anbieters regelmäßig Kontakt mit unseren Ingenieuren haben, denke ich: ‚Sehr gut, dieses Unternehmen scheint vertrauenswürdig zu sein.'" Der direkte Kontakt oder „heiße Draht" zum Kunden ist sowohl vonseiten der zuständigen Vertriebspersonen als auch von Seiten des Supports und der technischen Abteilungen hilfreich. Je nach Komplexität und Vorlaufzeiten eines Projekts oder Produkts ist es wichtig, dass die technischen Abteilungen bereits in einer frühen Phase mit den Anforderungen und Wünschen des japanischen Kunden vertraut sind und in engem Austausch stehen. Zur Vermittlung kann dabei entweder lokales Personal oder ein japanischer Handelspartner dienen, wenn dieser über das notwendige Fachwissen verfügt.

Fallbeispiel aus den Interviews: Enge Zusammenarbeit (Beispiel 2)
Ein Manager erzählte von einem ausländischen Softwareanbieter, der mit einem kleinen Team in Japan ansässig war. Die Software des Unternehmens war aus Sicht des Managers nicht besonders ausgereift. Dennoch gelang es diesem Unternehmen, japanische Kunden für sich zu gewinnen. Mehrere Faktoren seien dafür ausschlaggebend gewesen: Zum einen sprach der europäische Vertreter hervorragend Japanisch. Noch wichtiger war jedoch, dass er ein Team zur technischen Beratung hatte, das im direkten Kundenkontakt stand, jederzeit die Fragen der Kunden beantwortete und deren Wünsche berücksichtige.
„Der Erfolg war einfach die Kundennähe – die physische Kundennähe", so der europäische Manager. Dem Unternehmen sei es, trotz der Schwächen seinerSoftware, auf bemerkenswerte Weise gelungen, die Kunden mit ihren Bedürfnissen abzuholen. In diesem Fall war somit nicht die Produktqualität entscheidend, sondern vielmehr das Commitment und Engagement des Anbieters für seine Kunden sowie die generelle Verfügbarkeit eines Teams, das durchgängig mit dem Kunden in Kontakt stand.

Japanische Unternehmen tendieren dazu, nicht einfach ein Produkt kaufen zu wollen, sondern sich aktiv an den damit verbundenen Prozessen zu beteiligen, „sei es in der Verbesserung von Produkten oder der Verbesserung von Abläufen", wie ein Berater sagte. In Japan legt man daher großen Wert auf eine **engmaschige Abstimmung,** mit oftmals vielen Nachfragen und Iterationsstufen sowie einer detaillierten Dokumentation. Dies kann von europäischen Unternehmen mitunter als lästig oder als „pingelig" empfunden werden, wie es einer der interviewten Berater ausdrückte. Andererseits hat dies jedoch den Vorteil, dass es viel seltener zu unerwarteten Ergebnissen kommt. Missverständnisse werden durch diese Herangehensweise von vornherein vermieden. Der Manager eines europäischen Unternehmens erzählte, dass man zu diesem Zweck ein eigenes Team in Japan gründete. Die Hauptaufgabe des Teams war es, Projekte durch sorgfältige Planung, Dokumentation und Organisation zu managen. Die geschilderten Anforderungen an ausländische Unternehmen in Japan sind hoch. Einer der interviewten Berater riet aus diesem Grund dazu: „Bevor man sich in Japan engagiert, nicht nur über das Geld und über das Investment sprechen, sondern der Unternehmensführung verdeutlichen, dass da etwas auf uns zukommt – gerade im Sinne davon, jemanden zu haben, der sich um die Projektabwicklung und die Sonderanfragen kümmert." Eine enge Zusammenarbeit mit japanischen Kunden ist ressourcen-, zeit- und kostenintensiv, aber unabdingbar, um am Markt erfolgreich zu sein. Dies gilt in besonderem Maße für komplexe Industrieprojekte und -produkte.

4.3   Langfristige Beziehungen

Gewachsene Geschäftsbeziehungen, die auf gegenseitigem Vertrauen basieren, gehören zum Kern japanischer Geschäftskultur, wie sich im Laufe der Interviews bei allen Personengruppen herauskristallisierte. Der Geschäftsführer eines europäischen Unternehmens, der selbst Japaner ist, fasste dies im Interview folgendermaßen zusammen: „Deals werden in der Regel auf persönlicher Ebene abgeschlossen. Es geht also um vertrauensbasierte Beziehungen. Und wenn eine solche Beziehung lange anhält, ist sie fast unschlagbar." Fehlt diese Basis, kommt es in der Regel gar nicht erst zum Geschäft. Damit die aufwendigen Abstimmungsprozesse innerhalb japanischer Unternehmen zu einem positiven Ergebnis bezüglich eines Anbieters kommen, muss also zuvor eine Vertrauensbasis geschaffen worden sein. Einer der Berater beschrieb die Reihenfolge einer Geschäftsbeziehung aus diesem Grund genau umgekehrt zu der in Europa: „Ich vergleiche es sehr häufig damit, dass man in Europa sagen würde: ‚Wir können ein Geschäft anfangen und daraus kann sich eine Beziehung entwickeln.' In Japan müssen sie immer erst eine Beziehung entwickeln, bevor sie ein Geschäft machen können." Dies entspricht dem, was Alston (1989) etwas überspitzt damit beschreibt, dass Geschäfte in Japan nicht zwischen Fremden, sondern zwischen Freunden entstehen. Hofstede et al. (2010, S. 123) sehen dies vor allem als typisches Merkmal kollektivistischer Kulturen. Doch auch wenn die japanische Kultur mittlerweile eher individualistisch ausgerichtet ist, scheint dies für Japan noch immer zuzutreffen.

Das Thema des erfolgreichen Beziehungsaufbaus beginnt, auf einer Zeitachse betrachtet, mit dem **initialen Kennenlernen** und mündet im Optimalfall in eine gewachsene, langfristige Geschäftsbeziehung (siehe Abb. 4.3). Bereits zu Beginn ist es dabei wichtig, persönliche Kontakte zu knüpfen und ein hohes Engagement zu zeigen, „durchaus in beiderlei Richtungen, dass man auch Kunden einlädt in sein Mutterhaus oder das mit einem Messebesuch verknüpft", wie ein Berater im Interview empfahl. Wie bereits im Abschnitt zur hohen Kundenorientierung erklärt, drückt sich ein hohes Engagement beispielsweise darin aus, wie schnell man auf Anfragen reagiert oder wie häufig man Kunden besucht.

Bereits beim initialen Kennenlernen können informelle Treffen eine Rolle spielen (z. B. Essengehen), diese werden jedoch erst dann vertrauter und offener, wenn die Geschäftsbeziehung tatsächlich gewachsen ist. Einer der interviewten

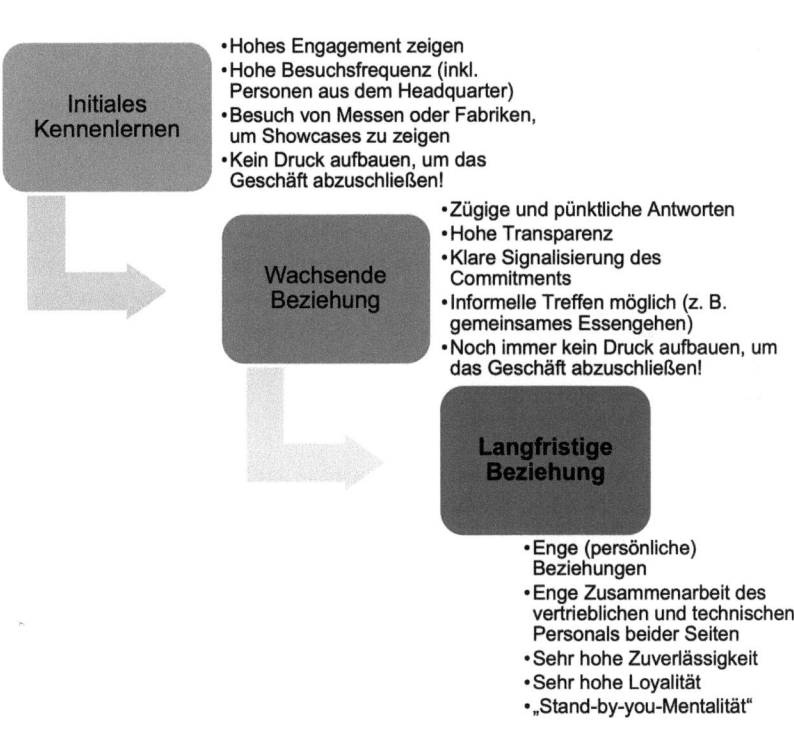

Abb. 4.3 Aufbau langfristiger Geschäftsbeziehungen in Japan

Berater berichtete, dass man bei solchen informellen Treffen durchaus relevante Informationen erhalten und wichtige Entscheidungsträger treffen kann, vor allem wenn man als Anbieter ebenfalls Personen der eigenen Geschäftsführung mitbringt. Wie alle drei interviewten Personengruppen berichten, hat die Bedeutung solcher informellen Treffen jedoch abgenommen, insbesondere nach der Coronapandemie.

Fallbeispiel aus den Interviews: Langfristige Beziehungen (Beispiel 1)
Ein japanischer Unternehmer erzählte von zwei Fällen, in denen die initiale Präsenz des Anbieters entscheidend war. Im ersten Fall entschied er sich dazu, einen langjährigen europäischen Lieferanten durch einen anderen europäischen Lieferanten zu ersetzen. Der Grund dafür war, dass die Hauptkontaktperson des vorherigen Lieferanten den japanischen Standort verlassen hatte und die Nachfolgeperson viel weniger engagiert war. Der japanische Unternehmer sah sich dadurch diesem Lieferanten gegenüber nicht mehr verpflichtet. Der andere Lieferant aus Europa zeigte sich dagegen von Beginn an sehr engagiert und brachte sogar mehrfach den Firmenpräsidenten zu Besuchen mit.

Im zweiten Fall, von dem der Unternehmer erzählte, entschied man sich gegen einen europäischen Anbieter, weil sich dessen Kontaktperson plötzlich nicht mehr meldete. Man hatte zwar zunächst in Erwägung gezogen, dessen Produkt auszutesten, verlor aber aufgrund des eingeschlafenen Kontaktes das Interesse. Auch tauchte das Unternehmen in Japan bei keinen Branchentreffen mehr auf, obwohl dies grundsätzlich eine gute Gelegenheit sei, um Kontakte zu knüpfen.

In einer **wachsenden Geschäftsbeziehung** wird in Japan eine hohe Zuverlässigkeit und Konstanz erwartet. Es ist nicht hilfreich, wenn Ansprechpartnerinnen oder Ansprechpartner häufig wechseln. Zum einen ist dies hinderlich, um Vertrauen aufzubauen, da es keine Gelegenheiten dafür gibt, das Gegenüber als zuverlässige und vertrauenswürdige Person kennen und schätzen zu lernen. Zum anderen können dadurch generelle Zweifel an der Vertrauenswürdigkeit eines Unternehmens aufkommen. Ein europäischer Manager sagte, dass bei wechselndem Personal beim japanischen Gegenüber schnell der Eindruck entstehe, dass „dort etwas nicht stimmt" oder dass „sie ihre Leute nicht halten können". Insbesondere sei dies der Fall, wenn der Grund für den Personalwechsel nicht klar kommuniziert werde und für den japanischen Kunden nicht nachvollziehbar sei.

Aufgrund der auf Langfristigkeit ausgerichteten Geschäftsbeziehungen ist in Japan das Timing besonders entscheidend. Ein Berater erzählte Folgendes: „Ich hatte einmal ein Unternehmen, das bat darum, dass ich die Entscheidungsträger in ihrer Branche ausfindig mache und Meetings arrangiere. Ihr Management würde dann in drei Monaten wieder nach Japan einfliegen und die Verträge unterschreiben. Da sagte ich: ‚Nein Leute, das könnt ihr mal ganz klar knicken.'" Tatsächlich benötigt der Aufbau einer Geschäftsbeziehung in Japan sehr viel Geduld und eine gewisse „Frustrationstoleranz", wie es ein anderer Berater im Interview ausdrückte. Diese Geduld werde aber wiederum mit einer hohe Kundenloyalität und langfristigen Geschäften belohnt. Es lohnt sich nicht und es ist sogar dringend davon abzuraten, den Kunden unter Entscheidungsdruck zu setzen. Ebenso sollte man nicht versuchen, ihm das eigene Produkt aufzudrängen. Es ist nicht realistisch, in Japan kurzfristiges Geschäft zu erwarten, sondern man muss den Markt als langfristiges Projekt betrachten, das zunächst ein hohes Investment erfordert.

Fallbeispiel aus den Interviews: Langfristige Beziehungen (Beispiel 2)
Einer der Berater erzählt von einer Situation, in der ein europäisches Unternehmen mit einem japanischen teilweise fusionieren wollte. Die Diskussionen verliefen bereits über ein halbes Jahr, als einer der europäischen Manager plötzlich ungeduldig wurde und eine Entscheidung der japanischen Seite innerhalb einer Frist von nur wenigen Wochen verlangte. Diese Forderung besiegelte automatisch das Ende der Verhandlungen. Für das japanische Unternehmen war es völlig unverständlich, warum eine solch gravierende und auf Dauer ausgerichtete Entscheidung plötzlich innerhalb weniger Wochen entschieden werden musste. „Das war's. In dem Moment war der Deal vom Tisch", so der interviewte Berater.
Der Entscheidungsprozess auf der japanischen Seite verlief nach den bereits erwähnten Mustern des *nemawashi* und *ringi*. Solche Entscheidungsprozesse benötigen Zeit, weil alle Stakeholder im Unternehmen eingebunden werden müssen und Gelegenheit bekommen sollen, mögliche Bedenken zu äußern. Erst wenn dieser Prozess abgeschlossen ist, kann eine Entscheidung erwartet werden. An diesem Beispiel zeigt sich erneut die langfristige Orientierung der japanischen Kultur und der Umgang japanischer Unternehmen mit Unsicherheit.

In Japan kann eine **langfristige Geschäftsbeziehung** manchmal sogar in eine Freundschaft münden. So sprach beispielsweise ein japanischer Unternehmer in

Bezug auf den Verkäufer eines Zulieferers davon, dass sich dort eine Freundschaft entwickelt habe, die bis heute anhalte. Natürlich ist dies aber keineswegs zwingend der Fall. Entscheidend ist lediglich, dass eine Vertrauensbasis geschaffen wurde, und dies setzt zumindest ein persönliches Kennenlernen voraus. Ein japanischer Geschäftsführer fasste dies so zusammen: „Ich muss mein Gegenüber persönlich treffen" (Englisch: „I have to meet face to face"). Die Bedeutung langfristiger und sogar persönlicher Beziehungen in der japanischen Geschäftskultur führte ein japanischer Unternehmer darauf zurück, dass man in Japan tendenziell sehr viel Zeit am Arbeitsplatz verbringt und dem eigenen Arbeitgeber gegenüber oft über viele Jahre treu bleibt. Somit ergeben sich automatisch auch langfristige Kontakte zum Personal der Geschäftspartner. Die Grenzen zwischen Privatem und Geschäftlichem verschwimmen in Japan stärker, als es im westlichen Kulturkreis üblich ist („die Firma als Familie", siehe Sugimoto, 2010, S. 100–102).

Literatur

Alston, J. P. (1989). Wa, Guanxi, and Inhwa: Managerial principles in Japan, China, and Korea. *Business Horizons, 32*(2), 26–31. https://doi.org/10.1016/S0007-6813(89)800 07-2.

Eli, M. (2004). *Geschäftserfolge in Japan*. Gabler Verlag. https://doi.org/10.1007/978-3-322-84550-4.

EU-Japan Centre for Industrial Cooperation. (2023, August). *Highlighting contributors to EU-Japan cooperation: Marcus Schürmann*. https://www.eu-japan.eu/publications/hig hlighting-contributors-to-eu-japan-cooperation-marcus-schurmann. Zugegriffen: 21. Juni 2025.

Hofstede, G., Hofstede, G. J., & Minkov, M. (2010). *Cultures and organizations: Software of the mind, third edition*. McGraw-Hill Education.

Mayer, R. C., Davis, J. H., & Schoorman, F. D. (1995). An integrative model of organizational trust. *The Academy of Management Review, 20*(3), 709. https://doi.org/10.2307/258792.

Sugimoto, Y. (2010). *An Introduction to Japanese Society (Third Edition)*. Cambridge University Press.

Weitere Erfolgsfaktoren 5

Neben den bereits erwähnten, lassen sich noch weitere Erfolgsfaktoren nennen, von denen einige im Folgenden kurz vorgestellt werden. Inhaltlich basieren diese sowohl auf den Interviews als auch auf weiterführender Recherche und Gesprächen. Viele spannende Referenzberichte zu Erfolgsgeschichten ausländischer Unternehmen in Japan finden sich auch auf der Webseite der japanischen Außenhandelsorganisation JETRO (Japan External Trade Organization, 2025b). Die Berichte lassen sich dort nach Herkunftsregion und Branche filtern.

5.1 Marktverständnis und Vorbereitung

Insbesondere die Vertreterinnen und Vertreter europäischer Unternehmen und die Berater erwähnten in den Interviews die Bedeutung eines guten Marktverständnisses in Japan. Eine gründliche Analyse des Zielmarktes müsse in Japan „besonders ernsthaft und besonders intensiv gemacht werden, unter anderem auch deswegen, weil viele solcher Informationen nur in japanischer Sprache verfügbar sind", sagte einer der Berater. Grundsätzlich ist es zu empfehlen, vor allem zu Beginn die Beratungsangebote und Austauschmöglichkeiten von Branchenverbänden, der deutschen Auslandshandelskammer in Japan oder von spezialisierten Beratungsagenturen zu nutzen.

Zum Marktverständnis gehört zunächst, dass man die **Produkterwartungen** kennt und versteht. Es ist in der Regel nicht erfolgversprechend, in Japan ein völlig austauschbares Produkt anzubieten (Mayer, 2021, S. 2–3). Ein japanischer Manager sagte zu japanischen Produkten im Vergleich zu europäischen: „Niedrigere Kosten, gute Qualität, kurze Lieferzeiten und guter Service. Wieso sollte

J. S. Becker, *Europäische Industrieunternehmen in Japan*, essentials, https://doi.org/10.1007/978-3-658-49454-4_5

man dann europäische Produkte nehmen, mit denen man am Ende vielleicht noch Ärger hat?" Die Produktvorteile müssen also letztlich das wahrgenommene Risiko überwiegen, das Japaner mit dem Kauf ausländischer Produkte eingehen. Die Vorteile können dabei zum Beispiel in der Technologie oder in Form niedrigerer Kosten bestehen und müssen so kommuniziert werden, dass japanische Kunden sie nachvollziehen können. Das heißt, dass auch Marketingunterlagen, Anleitungen, Kataloge oder Webseiten zum japanischen Markt passen müssen. Hierzu sind in der Regel viel Erfahrung sowie die Unterstützung lokaler Mitarbeiter und/oder einer externen Beratung erforderlich.

Bei den Produkterwartungen sollte vorher geklärt sein, ob das Produkt vorwiegend im heimischen Markt in Japan verwendet wird oder vorwiegend in den Export geht. Gerade im Export können europäische Hersteller Vorteile haben, wenn sie mehr internationale Zertifikate oder Zulassungen aufweisen können als japanische Hersteller, die sich auf den heimischen Markt fokussieren. Konzentriert man sich als europäischer Anbieter auf den heimischen Markt in Japan, ist unbedingt auf den Product-Market-Fit zu achten. So gibt es zahlreiche Beispiele von Unternehmen, die in Japan gescheitert sind, weil ihr Produkt oder das Gesamtangebot nicht zu den Marktanforderungen passte oder wichtige kulturelle Aspekte nicht berücksichtigt wurden (siehe zum Beispiel die zunächst gescheiterten Versuche von IKEA in Japan, IKEA Museum, o. J.)[1]. Und auch wenn das eigene Produkt grundsätzlich geeignet ist, kann es aufgrund gesetzlicher Vorgaben oder aufgrund von Markterwartungen sinnvoll sein, eine für den japanischen Markt angepasste Variante anzubieten.

Schließlich gibt es noch den Aspekt der unterschiedlichen **Regionen und Branchen** in Japan. Man sollte sich Japan nicht als strukturell homogenes Land vorstellen. Zum einen gibt es unterschiedliche wirtschaftliche Schwerpunkte zwischen den Regionen, zum anderen lässt sich sprachlich und kulturell grob zwischen dem stärker hierarchisch geprägten Ostjapan (Tokio) und dem lockereren Westjapan (Osaka, Kyōto) unterscheiden (Sugimoto, 2010, S. 61–71). Eine interviewte Person sagte hierzu: „Wenn die Organisation groß genug ist, dann würde man für den Vertrieb in Osaka jemanden aus der Osaka-Region holen. Und für Nagoya jemanden aus der Nagoya-Region."

Branchenseitig kann man den japanischen Markt grob betrachtet in sehr konservativ und weniger konservativ einteilen (siehe Abb. 5.1). Ein europäischer Manager sprach dazu auch von der „strengen" und der „unstrengeren" Welt. In den besonders konservativen oder strengen Branchen ist es als ausländisches

---

[1] Mit freundlicher Genehmigung von IKEA Japan. Tatsächlich gelang dem Unternehmen durch einige Anpassungen später der erfolgreiche Turnaround.

Unternehmen sehr schwierig, Marktanteile zu gewinnen. Dabei spielt außerdem auch die Größe der Unternehmen eine Rolle. So haben große und traditionsreiche Unternehmen in der Regel besonders hohe Anforderungen an ihre Lieferanten, was es schwieriger macht, als Anbieter eingesetzt zu werden. Sofern man die Wahl dazu hat, kann es daher sinnvoll sein, sich zu Beginn nicht die schwierigsten Kunden oder Branchen auszusuchen.

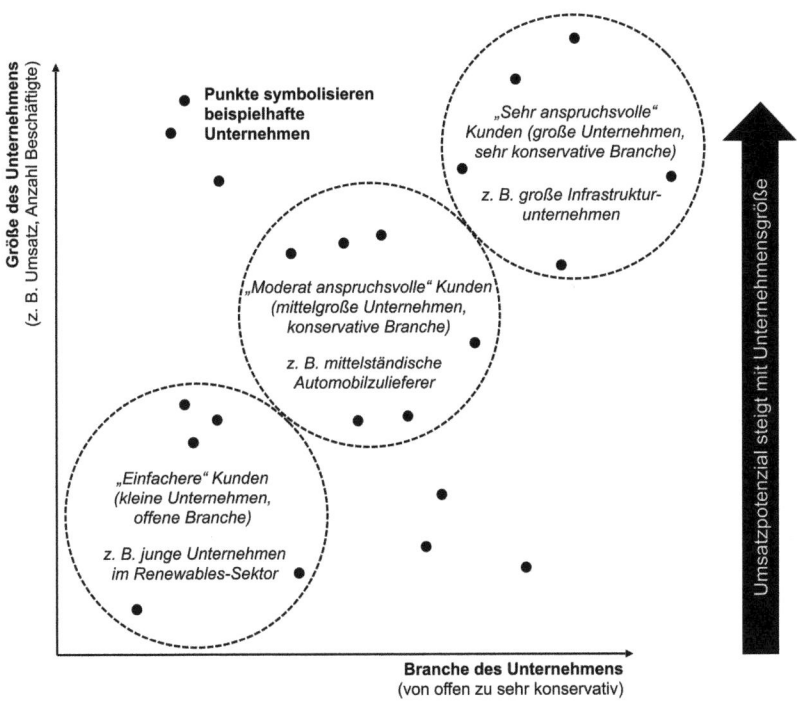

Abb. 5.1 Schematische Unternehmenssegmentierung nach Größe und Konservatismus der zugehörigen Branche

5.2   Kultursensible Kommunikation

Zur sprachlichen Hürde in Japan kommt das Prinzip sogenannter High-Context-
und Low-Context-Kulturen hinzu (Müller & Gelbrich, 2004, S. 81–82). In High-
Context-Kulturen, zu denen Japan gezählt wird, müssen Kommunikationsinhalte
stärker kulturspezifisch und im jeweiligen Kontext verstanden werden; das heißt,
ein Teil der Aussage wird von Menschen, die in der jeweiligen Kultur aufge-
wachsen sind, implizit verstanden, ohne dass er explizit ausgesprochen wurde.
In Low Context-Kulturen wird dagegen sehr viel direkter kommuniziert und der
Hauptteil der Aussage befindet sich im tatsächlich Gesagten. Beispielsweise gilt
es in der harmonieorientierten japanischen Kultur als unhöflich, eine Bitte mit
einem klaren „Nein" abzulehnen. Stattdessen wird ein „Nein" meistens mit anderen Worten umschrieben (Winkels & Schlütermann-Sugiyama, 2000, S. 138–139).
Umso wichtiger ist es daher, dass man einheimische Personen im Team hat oder
jemanden, der zwischen beiden Seiten vermitteln kann. Einer der Berater erläuterte dazu: „Man hört häufig: ‚Um in Japan Geschäft zu machen, muss man
Japanisch können.' Aber viel wichtiger ist es, die Kultur zu verstehen, anstatt
die Sprache zu verstehen." Er meinte damit den tatsächlichen Bedeutungsgehalt
einer Aussage und nicht die wörtliche Übersetzung, denn diese kann schnell zu
Missverständnissen führen.

Ausländische Geschäftsleute in Japan sollten sich selbst dennoch nicht zu sehr
unter Druck setzen, alle Regeln und Gepflogenheiten zu verstehen und sich per-
fekt anzueignen. So sagte beispielsweise ein Berater im Interview: „Den Japanern
reicht es, wenn man zeigt, dass man es versucht. Denn sie sind tief überzeugt
davon, dass bei ihnen sowieso alles anders ist als überall sonst auf der Welt."
Ähnlich schreibt es auch Rothacher (2007, S. 261), laut dem Fehler in Japan
zwar unvermeidlich sind, aber auch wieder schnell vergessen werden, solange
man erkennbar bemüht ist und gewisse Mindestregeln des Anstands einhält. Wie
bereits erwähnt, ist es in jedem Fall zu empfehlen, sich im Vorfeld mit Ratge-
berliteratur oder -videos vertraut zu machen und ein interkulturelles Training zu
absolvieren, um zumindest grobe Fehler zu vermeiden.

5.3   Kundenreferenzen und Netzwerke

Die **Verfügbarkeit von Referenzen** bei anderen Unternehmen ist in Japan als
besonders hilfreich einzuordnen. Einer der interviewten Manager sagte: „Ohne
eine Referenz ein neues Produkt in Japan einzuführen, ist enorm schwierig." Im
besten Falle sollte es sich dabei um Referenzen bei japanischen Kunden und nicht

im Ausland handeln. Dies beschreibt auch folgende Aussage eines der interviewten Berater: „Eine starke globale Positionierung auf dem Weltmarkt, zum Beispiel unter den Top Fünf in der jeweiligen Branche, ist in jedem Falle hilfreich. Man muss aber damit rechnen, dass der japanische Kunde fragt, an welcher Stelle das Unternehmen in Japan steht." Dies verdeutlicht, wie groß die Hürde zu Beginn in Japan ist, wenn man sich dort noch keinen Namen gemacht hat.

Liegen bereits Referenzen in Japan vor, kann deren Wirkung enorm sein, wie zum Beispiel die Aussage eines japanischen Geschäftsführers zeigt: Wenn es bereits eine Referenz für ein Produkt bei wichtigen japanischen Kunden gibt, würde er dieses in manchen Fällen sogar einsetzen, ohne es vorher zu testen. Dennoch ist auch der Weg über eine Vorführung bei europäischen Kunden oder auf Messen möglich, um damit das Interesse zu wecken, wie verschiedene Personen in den Interviews berichteten. Tendenziell sollte man sich dabei jedoch damit zurückhalten, den Kunden Ratschläge zu erteilen, welche Vorteile sie durch das angebotene Produkte im Vergleich zu vorher haben. Dies kann im schlimmsten Fall sogar als anmaßend und unangebracht wahrgenommen werden. So berichtete beispielsweise einer der Berater davon, dass sich der Vertriebsmitarbeiter eines europäischen Maschinenbauers bei einem japanischen Kunden entschuldigen musste. Der Kunde habe sich beschwert, dass es doch nicht die Aufgabe des Anbieters sei, „sich zu überlegen, wie ich meinen Betrieb führe". Lieber entdecken und verstehen japanische Kunden die Vorteile selbst, zum Beispiel indem sie ein Produkt bei anderen Kunden in Aktion sehen.

Auch die gezielte Akquise von Personen, die bereits ein **gutes Netzwerk** in bestimmten Branchen haben, wurde in den Interviews als Erfolgsfaktor genannt. Beispielsweise versuchte einer der europäischen Manager mithilfe eines neuen Vertriebsmitarbeiters, der ein starkes Netzwerk in der japanischen Automobilindustrie hat, sein Geschäft in Japan neu aufzustellen. Ein weiterer Ansatz kann darin bestehen, verschiedenartige Kooperationen, Joint-Ventures oder Zusammenschlüsse mit japanischen Unternehmen anzustreben. Dies bringt den Vorteil, dass diese bereits über einen Kundenstamm in Japan verfügen und auch ein Service- und Vertriebsnetzwerk existiert. Jedoch sollten auch dabei die Herausforderungen einer engen Zusammenarbeit unbedingt bedacht werden (siehe zu den Chancen und Risiken einer Kooperation oder Fusion Eli, 2004, S. 147–149). In einer Befragung von JETRO mit 1427 Unternehmen gaben immerhin 32 % an, dass sie entweder bereits mit einem japanischen Unternehmen oder einer japanischen Institution (z. B. einer Universität) kooperieren oder dies aktuell in Erwägung ziehen (Japan External Trade Organization, 2025a, S. 28). Auch hier gilt der Aufbau von Vertrauen als entscheidender Faktor für die erfolgreiche Zusammenarbeit.

5.4   Zusammenfassung der Erfolgsfaktoren

Die hier vorgestellten Erfolgsfaktoren für europäische Industrieunternehmen lassen sich grob in zwei Kategorien einteilen. Diese werden im Folgenden als harte Faktoren und weiche Faktoren bezeichnet. Harte Faktoren beziehen sich dabei auf materielle Aspekte und lassen sich mit den drei Stichworten *Ressourcen, Personal* und *Produkte* zusammenfassen. Die weichen Faktoren bestehen dagegen aus immateriellen Aspekten, insbesondere *Vertrauen, Kultur* und *Marktverständnis*. Ähnlich wie geistiges Eigentum, sind diese zwar nicht physisch greifbar, aber trotzdem von großer Bedeutung. In Tab. 5.1 werden die Faktoren im Einzelnen aufgeführt.

Es ist wichtig zu beachten, dass sich auch die japanische Gesellschaft und das japanische Wirtschaftsmodell in einem stetigen Wandel befinden. Die demographische Entwicklung ist eine enorme Herausforderung für die japanische Gesellschaft, die gleichzeitig europäischen Anbietern die Chance bietet, mit eigener Kompetenz im Bereich von Automatisierungslösungen zu punkten. Auch zwischen den älteren und jüngeren Generationen in Japan gibt es selbstverständlich Unterschiede. Ein älterer Japaner sagte im Interview: „Die Generationen unter 40 Jahren haben ein ganz anderes Mindset. Ich glaube, dass sie über Arbeit und Kommunikation anders denken." Manche sehr konservative Haltung gegenüber ausländischen Anbietern mag sich daher mit jüngeren Generationen in Entscheidungspositionen in Zukunft verändern.

In jedem Fall erfordert ein Engagement in Japan die Bereitschaft, sich auf die Eigenheiten des Marktes einzulassen. Es ist dafür nicht zwingend erforderlich, dass alle oben genannten Faktoren erfüllt werden. Oft sind es einzelne Faktoren, die den Ausschlag dafür geben, ob ein Projekt oder Kunde gewonnen wird. Wie die in der Übersicht in Tab. 5.1 aufgeführten Erfolgsfaktoren zeigen, ist dabei ganz besonders der Aspekt des Vertrauensaufbaus entscheidend, was in einer stark von Unsicherheitsvermeidung geprägten Kultur nicht überrascht. Dazu zählen sowohl die „hard facts", die dem Kunden beweisen, dass der Anbieter über die notwendigen Ressourcen und **Fähigkeiten** verfügt, als auch die weichen Faktoren, um den Kunden vom **Wohlwollen** und der **Integrität** des Anbieters zu überzeugen.

Der japanische Markt belohnt Geduld und hohe Einsatzbereitschaft für den Kunden – einmal gewonnenes Vertrauen bereitet den Weg für dauerhafte und loyale Geschäftsbeziehungen, die weit über ein Einmalgeschäft hinausgehen können. Wer die notwendigen Investitionen in Vertrauen und in das Verständnis der japanischen Kultur aufbringt, hat die Möglichkeit, sich nicht nur einen der

Tab. 5.1 Übersicht der Erfolgsfaktoren

Harte Faktoren *Ressourcen/Personal/Produkte*	**Weiche Faktoren** *Vertrauen/Kultur/Marktverständnis*
Starkes Serviceteam mit einheimischen Angestellten oder Zusammenarbeit mit geeigneten lokalen Partnern	Vertrauensbildung durch eine stark kundenorientierte Support- und Servicementalität
Auf Sonderwünsche des Kunden immer reagieren und nach Möglichkeit ein entsprechendes Angebot erstellen	Bereits zu Beginn starkes Bemühen zeigen (z. B. durch hohe Besuchsfrequenz)
Ressourcen zur zügigen Beantwortung von Rückfragen des Kunden bereithalten, wenn erforderlich auch in Europa	Signalisieren von langfristigem Commitment (im Optimalfall durch eigene Niederlassung oder sogar Produktion in Japan)
Vor Markteinstieg: Product-Market-Fit beachten (*nicht* trivial in Japan!)	Gute Beziehungen und enge Zusammenarbeit des technischen Personals von Anbieter und Kunden
Beschäftigung möglichst erfahrener, lokaler Vertriebsangestellter	Aufbau von langjährigen (persönlichen) Beziehungen zu Entscheidungsträgerinnen und -trägern des Kunden
Referenzen, im besten Falle bei japanischen Kunden, aber auch bei europäischen Kunden oder auf Messen möglich	Hohes Marktverständnis, auch in Europa entwickeln (gerade zu Beginn mithilfe von Experten und Industrieverbänden)
Einstellung von Personal mit Beziehungsnetzwerk in Schlüsselbranchen in Japan	Bereitschaft der europäischen Geschäftsführung, in Japan in Vorleistung zu gehen und die nötige „Frustrationstoleranz" aufzubringen
Möglichkeiten einer Kooperation, eines Joint-Ventures oder einer Akquisition in Erwägung ziehen	Kultursensible Kommunikation (kulturelle Codes verstehen → einheimisches Personal erforderlich)

anspruchsvollsten Märkte der Welt zu erschließen, sondern auch einen Markt von besonders hoher Kontinuität und Planbarkeit zu gewinnen.

Literatur

Eli, M. (2004). *Geschäftserfolge in Japan*. Gabler Verlag. https://doi.org/10.1007/978-3-322-84550-4.

IKEA Museum. (o. J.). The first attempt on the Japanese market. *IKEA Museum*. Abgerufen 10. Juni 2025, von https://ikeamuseum.com/en/explore/the-story-of-ikea/too-big-in-japan/. Zugegriffen: 21. Juni 2025.

Japan External Trade Organization. (2025a). *2024 Survey on Business Operations of Foreign-affiliated Companies in Japan*. https://www.jetro.go.jp/ext_images/_News/releases/2025/a2074f44be097739/survey_en_v2.pdf. Zugegriffen: 20. Juli 2025.

Japan External Trade Organization. (2025b). *Success Stories* [Datenbank]. https://www.jetro.go.jp/en/invest/investment_environment/success_stories/. Zugegriffen: 21. Juni 2025.

Mayer, R. (2021). *So gelingt der Markteintritt in Japan – ein Leitfaden* (Markteinstieg in Japan). Deutscher Mittelstands-Bund. https://www.mittelstandsbund.de/fileadmin/Art ikel_Kacheln/pdf/20210809_DMB_Leitfaden_Japan.pdf. Zugegriffen: 21. Juni 2025.

Müller, S., & Gelbrich, K. (2004). *Interkulturelles Marketing*. Verlag Franz Vahlen. https://doi.org/10.15358/9783800644612.

Rothacher, A. (2007). *Die Rückkehr der Samurai: Japans Wirtschaft nach der Krise*. Springer. https://doi.org/10.1007/978-3-540-46960-5.

Sugimoto, Y. (2010). *An Introduction to Japanese Society (Third Edition)*. Cambridge University Press.

Winkels, U., & Schlütermann-Sugiyama, Y. (2000). *Verhandeln mit Japanern*. Gabler Verlag. https://doi.org/10.1007/978-3-663-11734-6.

Was Sie aus diesem *essential* mitnehmen können

- Konkrete und praktisch umsetzbare Strategiebausteine für Ihren erfolgreichen Eintritt in den japanischen B2B-Markt
- Beispiele für Erfolge und Misserfolge in Japan sowie theoretische Hintergründe, um die interkulturelleren Herausforderungen besser zu verstehen
- Bewährte Vertrauensbildungskonzepte aus der Unternehmenspraxis für langfristige Geschäftsbeziehungen in Japan
- Einen Überblick über harte und weiche Erfolgsfaktoren im japanischen B2B-Markt sowie ein heuristisches Modell zur Marktsegmentierung

Literatur

Alston, J. P. (1989). Wa, Guanxi, and Inhwa: Managerial principles in Japan, China, and Korea. *Business Horizons, 32*(2), 26–31. https://doi.org/10.1016/S0007-6813(89)800 07-2.

Becker, J. S. (2024). *Westeuropäische Industrieunternehmen in Japan im Spannungsfeld wirtschaftlicher Chancen und interkultureller Differenzen – Eine qualitative Analyse* [Masterthesis]. Hochschule für Wirtschaft und Umwelt Nürtingen-Geislingen.

Deutsche Industrie- und Handelskammer in Japan. (2024). *Geschäftsklimaumfrage: German Business in Japan 2024.* https://my.page2flip.de/8600042/23270727/23270728/#/1. Zugegriffen: 21. Juni 2025.

Dyer, J. H., & Chu, W. (2000). The Determinants of Trust in Supplier-Automaker Relationships in the U.S., Japan and Korea. *Journal of International Business Studies, 31*(2), 259–285. https://doi.org/10.1057/palgrave.jibs.8490905.

Education First. (2024). *EF English Proficiency Index 2024: A ranking of 116 countries and regions by English skills.* https://www.ef.com/assetscdn/WIBIwq6RdJvcD9bc8RMd/cef com-epi-site/reports/2024/ef-epi-2024-english.pdf. Zugegriffen: 21. Juni 2025.

Eli, M. (2004). *Geschäftserfolge in Japan.* Gabler Verlag. https://doi.org/10.1007/978-3-322-84550-4.

EU-Japan Centre for Industrial Cooperation. (2023, August). *Highlighting contributors to EU-Japan cooperation: Marcus Schürmann.* https://www.eu-japan.eu/publications/hig hlighting-contributors-to-eu-japan-cooperation-marcus-schurmann. Zugegriffen: 21. Juni 2025.

Gelfand, M. (2019). *Rule makers, rule breakers: Tight and loose cultures and the secret signals that direct our lives.* Simon and Schuster.

Georgas, J., van de Vijver, F. J. R., & Berry, J. W. (2004). The ecocultural framework, ecosocial indices, and psychological variables in cross-cultural research. *Journal of Cross-Cultural Psychology, 35*(1), 74–96. https://doi.org/10.1177/0022022103260459.

Gudorf, V. P. (2010). *Markteinstieg in Japan – 10 Schritte zum Erfolg.* Deutsche Industrie- und Handelskammer in Japan. https://www.ihk-muenchen.de/ihk/documents/Anh% C3%A4nge-International/Japan-Tipps-fuer-den-Markteinstieg.pdf. Zugegriffen: 21. Juni 2025.

Hofstede, G. (1984). *Culture's consequences: International differences in work-related values (Abridged Edition).* SAGE.

Hofstede, G. (2011). Dimensionalizing cultures: The hofstede model in context. *Online Readings in Psychology and Culture, 2*(1). https://doi.org/10.9707/2307-0919.1014.

Hofstede, G., Hofstede, G. J., & Minkov, M. (2010). *Cultures and organizations: Software of the mind, third edition.* McGraw-Hill Education.

Hofstede Insights. (2023, 16. Oktober). *Country comparison tool* [Datenbank]. https://www.hofstede-insights.com/country-comparison-tool. Zugegriffen: 21. Juni 2025.

Hofstede Insights. (2024, August). *Frequently asked questions.* https://www.hofstede-insights.com/frequently-asked-questions. Zugegriffen: 21. Juni 2025.

IKEA Museum. (o. J.). The first attempt on the Japanese market. *IKEA Museum.* Abgerufen 10. Juni 2025, von https://ikeamuseum.com/en/explore/the-story-of-ikea/too-big-in-japan/. Zugegriffen: 21. Juni 2025.

Internationaler Währungsfonds. (2025, April). *World Economic Outlook (April 2025).* GDP, current prices [Datenbank]. https://www.imf.org/external/datamapper/NGDPD@WEO/OEMDC/ADVEC/WEOWORLD. Zugegriffen: 21. Juni 2025.

Itoh, M. (1996). Japan's Abiding Sakoku Mentality. *Orbis, 40*(2), 235–245. https://doi.org/10.1016/S0030-4387(96)90062-9.

Japan External Trade Organization. (2025a). *2024 Survey on Business Operations of Foreign-affiliated Companies in Japan.* https://www.jetro.go.jp/ext_images/_News/releases/2025/a2074f44be097739/survey_en_v2.pdf. Zugegriffen: 20. Juli 2025.

Japan External Trade Organization. (2025b). *Success Stories* [Datenbank]. https://www.jetro.go.jp/en/invest/investment_environment/success_stories/. Zugegriffen: 21. Juni 2025.

Kirkman, B. L., Lowe, K. B., & Gibson, C. B. (2006). A quarter century of Culture's Consequences: A review of empirical research incorporating Hofstede's cultural values framework. *Journal of International Business Studies, 37*(3), 285–320. https://doi.org/10.1057/palgrave.jibs.8400202.

Kiyota, K. (2020, 24. Dezember). Is Japan the least attractive country? *Research Institute of Economy, Trade and Industry.* https://www.rieti.go.jp/en/columns/s21_0008.html. Zugegriffen: 21. Juni 2025.

Konferenz der Vereinten Nationen für Handel und Entwicklung. (2024, November). *Foreign direct investment: Inward and outward flows and stock, annual* [Datenbank]. https://unctadstat.unctad.org/datacentre/dataviewer/US.FdiFlowsStock. Zugegriffen: 21. Juni 2025.

Mayer, R. (2021). *So gelingt der Markteintritt in Japan – ein Leitfaden* (Markteinstieg in Japan). Deutscher Mittelstands-Bund. https://www.mittelstandsbund.de/fileadmin/Artikel_Kacheln/pdf/20210809_DMB_Leitfaden_Japan.pdf. Zugegriffen: 21. Juni 2025.

Mayer, R. C., Davis, J. H., & Schoorman, F. D. (1995). An integrative model of organizational trust. *The Academy of Management Review, 20*(3), 709. https://doi.org/10.2307/258792.

Müller, S., & Gelbrich, K. (2004). *Interkulturelles Marketing.* Verlag Franz Vahlen. https://doi.org/10.15358/9783800644612.

Ogihara, Y. (2017). Temporal changes in individualism and their ramification in Japan: Rising individualism and conflicts with persisting collectivism. *Frontiers in Psychology, 8.* https://doi.org/10.3389/fpsyg.2017.00695.

Robaschik, F. (2024, 30. Juni). Japan glänzt mit Stabilität in unruhigen Zeiten. *German Trade & Invest.* https://www.gtai.de/de/trade/japan/wirtschaftsumfeld/wirtschaftsstandort-1783336. Zugegriffen: 21. Juni 2025.

Rohner, R. P. (1984). Toward a conception of culture for cross-cultural psychology. *Journal of Cross-Cultural Psychology, 15*(2), 111–138. https://doi.org/10.1177/002200218 4015002002.

Rothacher, A. (2007). *Die Rückkehr der Samurai: Japans Wirtschaft nach der Krise.* Springer. https://doi.org/10.1007/978-3-540-46960-5.

Saito, J. (2024, 17. Dezember). Japan's immigration policy: de jure and de facto. *Japan Center for Economic Research.* https://www.jcer.or.jp/english/japans-immigration-policy-de-jure-and-de-facto. Zugegriffen: 21. Juni 2025.

Sugimoto, Y. (2010). *An Introduction to Japanese Society (Third Edition).* Cambridge University Press.

Süßel, C. (2023, 25. Juli). Demografie ist Bewährungsprobe für die japanische Wirtschaft. *German Trade & Invest.* https://www.gtai.de/de/trade/japan/wirtschaftsumfeld/demogr afie-ist-bewaehrungsprobe-fuer-die-japanische-wirtschaft-955210. Zugegriffen: 21. Juni 2025.

Synodinos, N. E. (2001). Understanding Japanese consumers: Some important underlying factors. *Japanese Psychological Research, 43*(4), 235–248. https://doi.org/10.1111/1468-5884.00181.

Taras, V., Kirkman, B. L., & Steel, P. (2010). Examining the impact of Culture's Consequences: A three-decade, multilevel, meta-analytic review of Hofstede's cultural value dimensions. *Journal of Applied Psychology, 95*(5), 888–888. https://doi.org/10.1037/a00 2093.

Verband Deutscher Maschinen- und Anlagenbauer. (2024, April). *Maschinenbau in Zahl und Bild.* https://www.vdma.org/maschinenbau-zahl-bild. Zugegriffen: 21. Juni 2025.

Weltbank. (o. J.). *World Bank Open Data: Manufacturing, Value Added (% of GDP)* [Datenbank]. Abgerufen 20. August 2024, von https://data.worldbank.org/indicator/NV. IND.MANF.ZS. Zugegriffen: 21. Juni 2025.

Winkels, U., & Schlütermann-Sugiyama, Y. (2000). *Verhandeln mit Japanern.* Gabler Verlag. https://doi.org/10.1007/978-3-663-11734-6.

Zentralverband der Elektrotechnischen Industrie. (2024, September). *Weltmarkt Elektro- und Digitalindustrie – Ausblick bis 2025.* https://www.zvei.org/fileadmin/user_upload/Presse_ und_Medien/Publikationen/2024/Oktober/ZVEI-Welt-Elektromarkt-Ausblick_2025/01-ZVEI-Weltmarkt_Elektro-_und_Digitalindustrie-Ausblick_bis_2025.pdf. Zugegriffen: 21. Juni 2025.

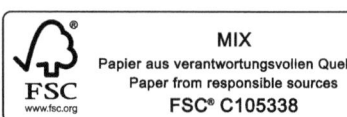